U0933098

【中华文化研究小丛书】

选士与科举

——中国考试制度史

沈兼士 编著

漓江出版社
桂林

沈兼士像

1946年1月22日，故宫绛雪轩，点收杨宁史青铜器后合影留念。前排左起：康斯顿、沈兼士、杨宁史、罗越、王世襄

抗战期间，沈兼士蓄须明志，从北平到重庆与胞兄沈尹默合影

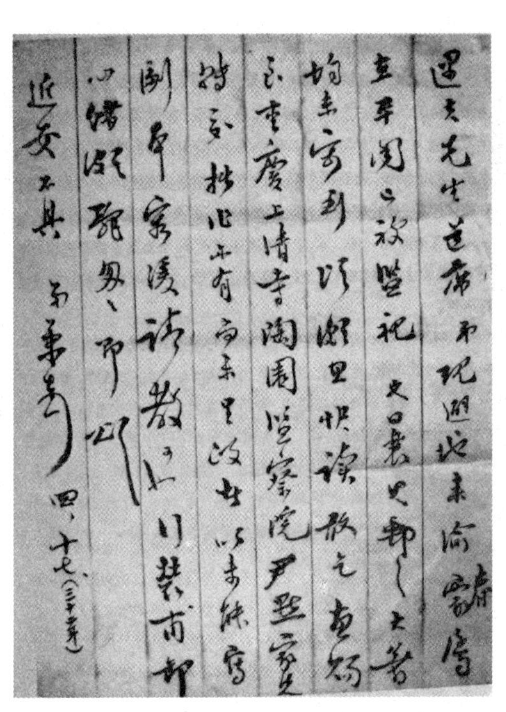

抗战期间，沈兼士致杨树达手迹

马衡书沈兼士诗：当头天净无云意，到耳春和有鸟声

沈兼士书杜甫诗：白日放歌须纵酒，青春结伴好还乡

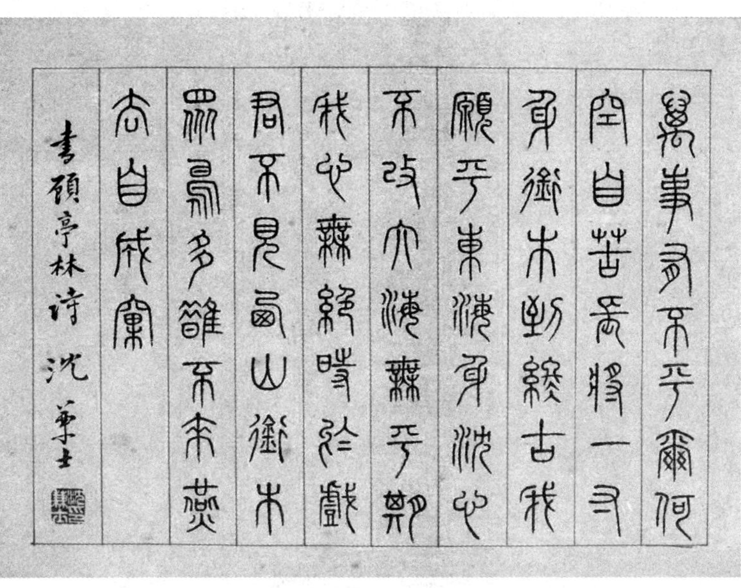

沈兼士书顾炎武诗句

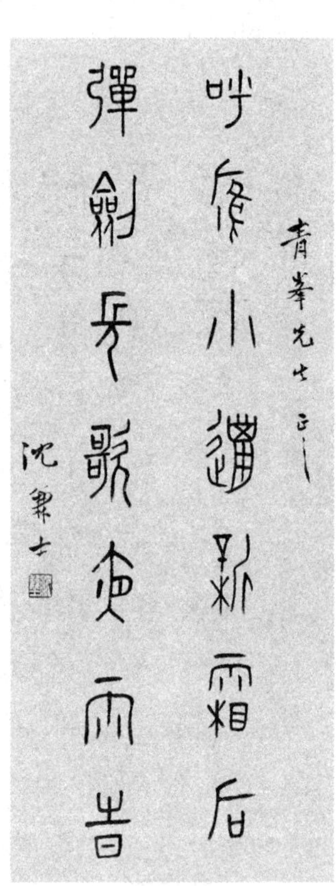

沈兼士书陆游诗：呼鹰小猎新霜后，弹剑长歌夜雨时

沈兼士书陆游诗：久向林间得佳趣，不知身外有浮名

沈兼士书赠台静农行书扇面《临江仙》

《竹叶图》(沈尹默画竹，沈兼士题书)

出版说明

文化是人类的本质，唯有文化的兴旺发达，才有国家民族的振兴强大。中华民族五千年文明史，辉煌璀璨，一脉相传，从未间断，独步于世界民族之林。为弘扬传统，播传新知，砥砺精神，建设文化强国，我们谨从“秉文化情怀，做文化事业”的社训，特地编辑出版这套中华文化研究小丛书，以传扬民族文化精华，发布专门研究成果，期为读者、研究者阅读参考。作者均为国内外文、史、哲领域建树颇丰的专家、学者，他们从各自擅长的专题，提供简明扼要的讲析，文字不在其多，书不在其厚，重在见解之通达准确，独有会心，能予读者真知与启迪，领悟精要，涵泳其间。本丛书是一开放性的项目，我们真诚欢迎在这一主题下有更多的佳作加入其中。

漓江出版社本丛书编辑部

目　次

001　**编辑大意**

001　**第一章　弁言**

005　**第二章　周代的选士制度**
005　第一节　周代的乡举里选
009　第二节　周代的学校

012　**第三章　汉代的选士制度**
012　第一节　汉代的察举
032　第二节　汉代的学校

038　**第四章　魏晋南北朝的选士制度**
038　第一节　魏晋的九品中正制
055　第二节　魏晋南北朝的诸科策士
061　第三节　魏晋南北朝的学校

074　**第五章　隋唐的考试制度**
074　第一节　隋唐的科举
095　第二节　隋唐时代与科举有关的教育制度

104 **第六章 宋代的考试制度**
104 第一节 宋代的科举
137 第二节 宋代与科举有关的教育制度
146 第三节 辽金两国的科举制度

151 **第七章 元代的考试制度**
151 第一节 元代的科举
156 第二节 元代与科举有关的教育制度

160 **第八章 明代的考试制度**
160 第一节 明代的科举
169 第二节 明代学校和科举相辅而行的制度

185 **第九章 清代的考试制度**
185 第一节 清代的科举
212 第二节 清代学校和科举相辅而行的制度

编辑大意

一、查我国考试之萌芽，已肇端于《尚书》；唯历时悠久，文献难征。而《周官》一书所述周代文官制度，后世亦有人加以考证指为伪托者。兹于本编第二章中依《礼记·王制》等篇所载略述其梗概，以为此项制度之滥觞。

二、汉代初年所举行之“贤良方正”“孝廉”“秀才”等科，尚属乡举里选性质；迨后汉左雄改制，“诸生试家法，文吏课笺奏”，始由选举制度兼备考试方式之雏形，故于本编第三章中略述其沿革及递嬗之轨迹，俾知创制之由来。

三、魏晋南北朝时期所行之“九品中正制”，最初原系乱世权宜之计，后以积习难改，因循迁就，流弊滋多，致门阀士族之贵族政治，为当时所诟病。唯秀孝等科之策试，亦间有举行，而时举时辍，未能切实普遍实施，故于本编第四章略述其创制之经过，以供参考。

四、隋唐时代始创立科举制度，科目纷陈，士子怀牒自进，自由竞争，一律平等，得以脱离选举之羁绊而划然独立，并奠立考试权独立行使之精神，实为中国民权发展史上一大进步。又唐代举士与举官分途，其考试方式亦各有不同，故于本编第五章中分别叙述，以明原委。

五、宋代开国之初，科举制度大多沿袭唐制，而方法更趋严密。其经礼部考试及格者，即可服官任职，不须再经吏部之考试，此为推行“考用合一”必有之措施。其后则有经义、诗赋、策论之争，意见分歧，愈演愈烈。迨王安石变法，则以“三合法”取士，学校与科举互为盛衰，故本编第六章加以叙述，以明沿革，并将辽、金二国所举行之科举制度，附列为该章第三节。

六、元代以蒙古族入主中原，其举行考试，仅为牢笼人心，且不能忘情于民族间之成见，取士标准，即有区别；科目出身，亦多轩轾，自属有欠公允，故于本编第七章有所叙述，俾知当时实际情形。

七、明初三途并用，驳而不纯，致多流弊，于是又不能不重视公正平允之考试制度；唯以文体适用排偶，谓之“制义”，空疏无用，足以败坏人才，殊为后世所诟病。故于本编第八章中予以叙述，实非当时创制始料所及。至其创立“翰林院”，为培养国家清要人才之所，亦有足多者，故并叙及之。

八、国家政治制度之递嬗，时代愈后，则愈见完备。考试制度延至清代，因积有千余年历史上之沿革，斟酌损益，愈臻完备，故于本编第九章中详加叙述，尤其对于科名之来源，考据较详，以供参考。

九、学校教育与考试制度互为表里，无论在直接或间接方面，均有其不可分割之密切关联，故本编各章于第一节考试制度后，并附述历代学校教育制度，以免缺漏。

十、本编各章节所引证之资料，均经注明其书籍名称；其较为详细者，则以“附注”说明于各章节之末，以明原委，而资参考。

十一、本编《宋代的考试制度》，有一部分资料，系参照侯绍文先生之大作，谨致谢忱。

十二、编者学识谫陋，从事此项艰巨任务，即知汲深绠短，力有未逮；且参考书籍，亦多欠缺，仅就其荦荦大者予以叙述，俾知此项制度创制及沿革之经过。至所评论得失各点，亦多属根据古今学者通儒之论著，并非杜撰之书，此应特加声明者。唯以时间匆促，纰缪遗漏，所在多有，尚祈海内外鸿儒硕学多所指教，毋任企幸！

编者　沈兼士　谨识

第一章 弁 言

一国的大政，不外“用人”和“行政”二者。行政的良窳，全看用人的当否；而用人的标准，舍公平的考试制度以外，更没有再好的方法。考试制度是我国古代首创的制度，其见之于经史的，首推《尚书》，如《虞书》载：四岳举鲧治水，岳曰：“异哉！试可乃已。”又四岳举舜嗣位，帝曰：“我其试哉！”及舜历试诸难，帝曰：“格，汝舜，询事考言，乃言厎可绩。”此实为考试制度的滥觞。三代之治，以周代举士的典则较为完备，如《周官》大司徒以乡三物教万民而宾兴之，是以德行道艺教之于平素，而后贡举之于王廷。自汉代察举制兴，科目较多，左雄改制以后，考试制度的雏形也就具备了。隋唐以降，科举代兴，于是政府所挟以甄拔人事的方法，不得不出于考试一途。历宋、元、明、清，承袭历代已有的基础，加以不断的改进，故考试制度更日趋严密。自童试、乡试、会试，以至于殿试，形成一贯的体系，实有长足进展的趋势。推究当时举行考试的作用，多为巩固君权，羁縻多士，徒务形式上的整齐严肃，而对于教育人才的真正目的，反置之不问，以致学校为科举所夺，学术为制艺所蔽，考试制度原以甄拔人才为目的，结果反变为锢蔽人才和败坏人才的工具，丛弊积垢，遂激成清末废止科举运动，其流弊实不在考试制度的本身。我们推究考试制度所以能保持悠久的历史和不朽的价值，其原因则基于自由竞争，则无由行私；凭才取士，则无法幸致；而且可以泯除贫富阶级的限制，使平民得以参加政治，允符民主政治的真谛，形成大一统的政治，故以考试为选拔人才的权衡，究不失为公正平允的法则。彼欧美日本各国都一致仿效实行，已成为世界上颠扑不破的优良法制，这实在是我先民创造的文化遗产，在世界政治制度史上具有莫大的贡献。

国父孙中山先生以天纵之圣，首先发现中国政治制度之有考试独立权，乃创立五权学说，以欧美现行的三权——行政、立法、司法，加上我国固有的二权——考试、监察，成为“五权宪法”。融中汇外，酌古准今，实为二十世纪政治史上的最大发明。较之法儒孟德斯鸠的三权分立学说，益臻充实而杜绝其弊端。盖世界政治学说的发展，中国远较欧美为迈进。欧美所注重的是“法”，由行政权的分工，而发展为立法、司法二权；中国所注重的是“人”，由行政权的分工，而发展为考试、监察二权。中国重在“人”，由“人治”而有尧舜禹汤文武之盛；然而人存政举，人亡政息，善政无以为继，其弊端即在失去“法治”的准绳。欧美重在“法”，由“法治”而有分工合作互相制衡之美；然而议会强横，莫衷一是，良法有时而穷，其弊端即在失去“人治”的运用。国父高瞻远瞩，体大思精，以行政权为中心，融合中西两大致制的精神，以中国考试、监察的“人治”，补欧美行政、立法、司法的“法治”的不足，补偏救弊，成为完美的政治组织。故对于国家政治的设施，毅然主张厉行考试制度，以期人尽其才，才尽其用。并于其所手订之《建国大纲》中，有“凡候选及任命官员，无论中央及地方，皆须经中央考试、定资格者乃可”的规定；以及中国国民党第一次全国代表大会宣言对内政策，有“厉行考试制度，以救选举制度之穷”的决议，以免人主出奴之弊，而收选贤与能之效，真知灼见，遗训昭然，诚所谓“放之四海而皆准，百世以俟圣人而不惑”了。

现行法律《中华民国宪法》依照中山先生教导，特于第八十五条明白规定：“公务人员之选拔，应实行公开竞争之考试制度；并应按省区分别规定名额，分区举行考试；非经考试及格者，不得任用。”故行宪后，考试院的职责，益形重大，如何才能尽宪法上所赋予的职责？实为当前亟待解决的问题。

又历代选士之制，可得言者：其初取自学校，其后分于科举，再后学校科举趋于合流，又后科举学校互争存废，最后则二者联为一贯。汉之甲科，实因学校而起；唐之生徒，则与科举并进；宋代曾宠科举，专以学校进身，或科举与学校并行，而应考人必由学校送考；明、清两代，名为专以科举取士，实则科举与学校合为一途。其举人以下，为学校制；举人以上，为科举制。五贡——恩、拔、岁、优、副贡——之设，乃指贡于太学读书而言。名为科举取士，实则学校选生。降及末流，学校有名无实，群趋于科举的一途，乃有罢科举与学校的事件发生。在过去一千多年当中，科举和学校，相成相毁，相嬗相递，科举因学校而起，因学校而废。而梁任公氏认为：“科举合于学校，则人才盛；科举离于学校，则人才衰；有科举，无学校，则人才亡。”其间盈虚消长之迹，息息相关，宛如一体的两面，有不可分割的趋势。今欲研究历代考试制度，即不可不知与科举一而二、二而一的学校关系。

古人云:“以古为鉴，可知兴替。”又云:“前事不忘，后事之师。”爰将我国历代考试制度，以及与考试制度有直接关系的学校制度分别做扼要的叙述，借以互相印证，以为研究考试制度方面有力的参考，而作为改进方案的蓝图，期能百尺竿头，更进一步。

第二章　周代的选士制度

第一节　周代的乡举里选

国家因为要达到统治的目的，就要设立许多机关。在这许多机关中，都需要有人来处理公务，于是有了选举问题。选举是和世袭对立的。世袭之法：一个位置出缺，便有一个合法继承的人，不容加以选择。选举之法则不然，它是毫无限制，可以任有选举权者，选举最适当的人士去担任公职的。

选举制度，在三代以前，是与世袭并行的。俞正燮《癸巳类稿》中有一篇"乡兴贤能论"说："古代的选举，是限于士以下的，大夫以上乃是世官。"古代举士皆出于学校，《王制》载有虞氏、夏后氏、殷代、周代的养老皆有学。《周官》载："大司徒之职，以乡三物教万民而宾兴之（乡三物教万民而宾兴之，《通志》注：物犹事也，兴犹举也。民之三事教既成，乡大夫举其贤者能者，以饮酒之礼而宾客之，既则献其书于王也）。一曰六德（《周礼》六德：智、仁、圣、义、忠、和），二曰六行（《周礼》六行：孝、友、睦、姻、任、恤），三曰六艺（《周礼》六艺：礼、乐、射、御、书、数）。诗书礼乐，谓之四术；四术既修，九年大成。”凡是乡大夫的属官，都有考察其民德行道艺之责。“三年大比，则举出其贤者能者，献贤能之书于王，此之谓使民兴贤，入使治之；使民兴能，出使长之。”俞正燮说：“入使治之，是用为乡吏，即比闾族党之长；出使长之，是用为伍长。”比闾族党等，当系民主部族固有的组织，其首领，都是由大众公举的。又在封建政体的初期，主持国政者为求政治整饬起见，不得不逐渐引用下级分子，乡间的贤能乃渐有升用于朝廷的机会，那便是《礼记·王制》所说的制度：“乡老论士之秀者，升诸司徒曰选士；司徒论选士之秀者，而升诸学曰俊士；既升于学，则称造士；大乐正论造士之秀者，以告于王，而升诸司马曰进士；司马辨论官才（官指各种机关，谓分别其才能，适宜于在何种机关中办事），论进士之贤者，以告于王，然后因其才而用之。”《礼记·射义》载：“诸侯岁献贡士于天子，天子试之于射宫。其容体比于礼，其节比于乐，而中多者，得与于祭。其容体不比于礼，其节不比于乐，而中少者，不得与于祭。”以中之多少，而定得与于祭的可否，可见射宫即在太庙之中。古代规制简陋，全国只有一所明堂，也就是宗庙，就是朝廷，就是君王所居的宫殿，亦复是其讲学的学校。到后来，这许多机关才逐渐分开而成为个别的建筑了。合观《周官》《王制》《射义》之文，可知古代各地方的贡士，是专讲武艺的。后来文治渐渐兴起，于是所取的人才不再限于一途。所以司马要辨论官才，此时的司马，乃以武职兼司选举事务，并非以武事做选举的标准。此为一选举的逐渐扩大，也就是世袭制度日就式微了。

以上所选周代选士的制度，初由乡举里选，继由乡大夫（乡大夫：官名，《周礼》地官之属。王有六乡，每乡卿一人，各掌其乡之致教禁令。按《周礼》乡大夫、州长、党正、族师、闾胥、比长，皆其时地方自治之官吏，故诸侯亦皆有乡大夫，以大夫为之）以乡饮酒礼（乡饮酒礼：古之乡学。三年业成，必考其德行，察其道艺，而兴共贤者能者，以升于君。将升之时，乡大夫为主人，兴之饮酒而后升之，谓之“乡饮酒礼”，即后世科举之宾兴也。《仪礼》有《乡饮酒礼》篇）贡举到诸侯或天子。其评选人才的标准分为三等：德行为上，其次治事，再次言语，一律皆采取平日的素行。这些人才，并不限定由学校出身，可是他们的造就和资望，皆比较高出于学校出身的，所以一被选举以后，往往破格录用。这一段情形，我们可从《仪礼》的《乡饮酒礼》和《礼记》的《射义》《文子》《世子》诸篇中，知道得很详细。从表面上看来，好像成周时代的社会教育已经普及；其实在上古时代，各氏族选举长老组织氏族会议的遗风，这乃是民族进化史上的一般情形罢了。

综观周代初年所定选士制度的精神，实包括“学校育才、科举选才、铨叙用才”，三者融为一贯，为最成熟、最良好的“贤能政治”。其所以将选举的职权，不隶属于他官，而必属之于教官的用意所在：居处相近，耳目相习，为之师者（司徒、大乐正、乡老等），平时对于群士的德行道艺，孰高孰下，孰贤孰不肖，已能知之有素。及大比之日，书其贤者与其能者。必有以教之于平时，斯可举之于异日；既有以书之于每岁，斯可考之于三年。平日之教者以此，则今日之兴者亦以此；平日之书者以此，则今日之考者亦以此。此三年中，无一日不加以考察，故内以佐学校之教，而终以成大比之典。故周代选士制度的优点有三：

1. 道德学问，体用兼赅，可期见诸施行；

2. 积日累功，考核缜密，可杜侥幸之端，而无旷职之患；

3. 信赏必罚，寄其责于侯国，使由此归重教育。

如此则人人均以积学敦品为其一生的荣辱所在，而对于国家给予的利禄犹在其次，足以达到化民成俗的目的，实非后世所能望其项背的。

周代士子升格考试：

1. 乡大夫主持

(1) 入学实验——秀士——乡举生；

(2) 毕业实验——选士——乡举生。

2. 司徒主持

(1) 入学实验——俊士——大学生；

(2) 毕业实验——造士——大学生。

3. 大乐正主持

入宫试验——进士——候补员。

及至春秋时期，齐桓公所行内政之法："正月之朔，乡长复事，君亲问焉。"曰："于子之乡，有居处好学，慈孝于其父母，聪慧贤仁，发闻于乡里者，有则以告。有而不以告，谓之蔽明，其罪五。""……五属大夫于是退而修属，属退而修县，县退而修乡，乡退而修卒，卒退而修邑，邑退而修家，是故匹夫有善可得而举也。"(《国语》) 所谓属、县、乡、卒、邑、家，以《周礼》和《管子》证之，皆使教于其地之意。

到了战国时期，世变益亟，士人有怀抱利器欲奋志于功名者，亦有蒿目时艰欲有所作为以救生民于涂炭者，于是各国君主多引用游士，而选举之局益盛，世袭之制愈微了。

第二节 周代的学校

学校之制，以三代为最备。家有塾，党有庠，术有序，国有学。孟子说："夏曰校，殷曰序，周曰庠，学则三代共之。""学"是大学，"校""序""庠"都是民间的小学。孟子又说："校者，教也。""序者，射也；庠者，养也。"这是行"乡射"和"乡饮酒礼"的地方，使人民看了，都要受到感化的。

成周的学制，是集虞、夏、殷三代的大成，分"国学"和"乡学"两种："国学"为贵族子弟修学之所，"乡学"为平民子弟修学之所。"国学"依程度的深浅，分为小学、大学两级。八岁入小学，十五而就大学。《大学》一篇，是言大学堂之事；《弟子职》一篇，是言小学堂之事；《内则》一篇，是言女学堂之事；《学记》一篇，是言师范学堂之事。其他如农学、工学、商学、兵学等亦都有学堂（见《管子》《论语》《左传》等书），其教育之普及如此。《礼记·王制》载：小学在公宫南之左，大学在郊，天子曰"辟廱[同"雍"，下同]"，诸侯曰"泮宫"。

关于天子之"学"有二说：一说天子之学有五：中为"辟廱"，亦曰"太学"，养老之所也；周环以水，水南为"成均"，亦曰"南学"，学德之所也；北为"上庠"，亦曰"北学"，学书之所也；东为"东序"，又称"东胶"，亦曰"东学"，学射之所也；西为“瞽宗”，又称“西雝”，亦曰“西学”，学礼习乐之所也。”(孙诒让《周礼正义》)而《大戴礼》亦载有“五举”之制：帝入“东学”，尚亲而贵仁；帝入“南学”，尚齿而贵信；帝入“西学”，尚贤而贵德；帝入“北学”，尚贵而尊爵；帝入“大学”，承师而问道。虽内容或有不同，其为“五学”之制则一。一说天子之学有四：“虞庠”在其北，“夏序”在其东，“商校”在其西，当代之“学”居中，南面而三学环之，命之曰“胶”，又曰“辟雝”。(《松滋县学记》)以上两说虽略有出入，但认为周代的学制，为综合虞、夏、商三代的学制则同，这是周代中央学制的大概情形。至于地方的学校，则谓之“乡学”，属于小学性质。在乡(万二千五百家)设有“虞庠”，在州(二千五百家)设有“夏序”，在党(五百家)设有“商校”，在闾(二十五家)设有“塾”，这是周代地方学制的大概情形。

故周代的学制，为政教不分的制度。当时教育为行政最重要的一部门，以普及教育为实施政治的方法。论职务则官师不分，论目的则“礼乐政刑，其揆一也。”《尚书》载：“天降下民，作之君，作之师。”《礼记·学记》载：“能为师然后能为长，能为长然后能为君。”可见君之与师，名虽二其实则合而为一。君师既属合一，则教育和行政自不能有明显的划分了。所谓教育机构，如明堂、辟雝、庠、序、学、校等，并非专施教育的处所。《诗经·灵台》：“虡业维枞，贲鼓维镛，于论鼓钟，于乐辟雝。”是“辟雝”为聚乐游宴的所在；《诗经·鲁颂·泮水》：“鲁侯戾止，在泮饮酒。”“允文允武，昭假烈祖。”“既作泮宫，淮夷攸服；矫矫虎臣，在泮献馘。淑问如皋陶，在泮献囚……”是诸侯之“学”名“泮”的，为饮酒、献囚的所在。《礼记·王制》：“天子将出征……受成于学；出征，执有罪反，释奠于学，以讯馘告。”亦是学校为祭祀、献囚、献馘的所在。清代阮元说：“明堂者，天子所居之初名也。是故祀上帝则于是，祭先祖则于是，朝诸侯则于是，养老、尊贤、教国子则于是，飨射、献俘馘则于是，治天文告朔则于是，抑且天子寝食恒于是。”

又蔡邕《明堂月令论》亦说：“辟雝、明堂、太庙，异名同实；以朝、以祭、以教、以飨、以射，均于其地。”

于此可见古代的学校，并未与行政机关及宗庙分开。即就“乡学”而论，如《周礼》所载：大司徒以下各职官是掌政令教治。所谓“教万民”，并非文字和书本，而是见习、观摩以及实地训练的意思，和后代学校的性质，自有不同了。

以上为《周礼》《礼记》等书所载西周的教育规制，到了周室东迁以后，为春秋战国时代，封建制度渐形崩溃，社会经济和社会组织都起了重大的变化，旧教育制度也逐渐破坏，其所产生的结果有三：

1. 学校选士之制度，诸侯公卿养士之制起而代之；

2. 公立学校逐渐衰颓，私人讲学之风，日形发达；

3. 思想自由，百家争鸣，造成中国学术史上的黄金时代。

第三章　汉代的选士制度

第一节　汉代的察举

第一目　贤良方正和孝廉茂材

我国选士制度渊源于成周时代，前章已略述其大概情形。周室东迁以后，春秋时期，仍然是世卿的局面；降及战国，各国引用游士，始开布衣卿相之局。中国所行的以贤能为标准来甄选政府官吏，和尽量避免政治上亲私作用的各种方法，其中很多创始于汉代，其主要的方法，如"察举""辟学""征聘""荐举""荫任""学校""纳赀"等，而尤以"察举"制度最关重要。

汉高帝底定天下以后，鉴于秦代的孤立亡国，因欲招纳贤良，共同治国，其一切政权，愿开放与天下贤者共之，因于十一年（公元前196年）下诏说："盖闻王者莫高于周文，伯者莫高于齐桓，皆待贤人而成名。今天下贤者智能，岂特古之人乎？患在人主不交故也。士奚由进？……贤人已与我共平之矣，而不与我共安利之，可乎？贤士大夫，有肯从我游者，吾能尊显之。布告天下，使明知朕意。御史大夫昌，下相国；相国酂侯，下诸侯王；御史中执法，下郡守。其有意称明德者，必身劝为之驾，遣诣相国府，署行义年，有而弗言，觉免。”

这一篇诏书的要旨，郡守所管辖的地方，如果确有贤良具有德行的人，必定要亲自去劝他出来，替他备车，请他到相国府里；如有贤不举，则郡守应受处分。这是汉代求贤的开始。到了文帝二年（公元前178年），因日食之故，乃下诏举“贤良方正，直言极谏者”，设题指事，其办法已比较有了进步。这是“对策”“射策”的起源，也是科举制度的滥觞。因该项诏书中已说明：“悉思朕之过失，及知见之所不及，均以启告朕。”这明明是鼓励士子的上书言事，而一般士子也就以上书的方法，借以表现其见解和学识，作为进身之阶，比由人推荐出身较胜一筹了。文帝十五年（公元前165年）便亲策“贤良”，诏书指定应选者就四项发言，即“朕之不德，吏之不平，政之不宣，民之不宁”。这就是武帝以后策试“孝”“秀”的前身，两千年来的“对策”，都是沿袭此制。汉代的选士制度，名目繁多，没有一定的规律，往往因一时的需要，或因时君的好尚，即开设某科，大体可分为下列两类：

一、贤良方正

此为汉代选士的一种重要制度，朝廷每诏举“贤良方正能直言极谏”之士。其立制的初意：似仿战国时代招贤于世胄赀选以外别开一格，由诸侯王、公卿、郡国选送的人才，经天子策试的，谓之“特举”，亦有称之为“特科”或“制科”的。

诏举时期，并无规定，被举者资格，亦无限制，尤其在国家遇有祥瑞或灾异之时，朝廷就用诏举的方法，罗致贤能，以隆化治。因汉代的皇帝都相信灾异之来，是上苍对他们“治理人民德薄能鲜”的一种警告，例如上述文帝二年十一月日蚀[食]，下诏谓“日蚀[食]乃人主不德，天示之灾”，要群臣举贤良方正能直书极谏者，以匡其不逮（《文献通考》卷三十三：选举考六）。又如宣帝本始四年（公元前70年），郡国地震，诏令三辅太常纳郡国贤良方正各一人。当汉之世，像这一类的事例，不胜枚举，后来每逢国家有大事发生，皆特别下诏，令公卿、郡国举贤良文学之士，天子亲自策试，以定高下。或有其他任使的，皆特别标明其目的：如需用外交人才，则诏举“能使异域绝国者”，需用军事人才，则诏举“通孙吴兵法晓军机者”，以及其他具有奇才异能之士，皆特别诏举他们。后代的制科，即沿袭此种制度而来。

兹特殊举如下：

汉代诏举贤良文学科目名称及年代表

科目	年代	备注
贤良方正能直言极谏者	前汉文帝二年、十五年，武帝建元元年，元光元年，宣帝本始四年，地节三年，元帝永光元年，成帝建始二年、三年，元延元年，哀帝元寿元年。后汉光武帝建武六年，章帝建初元年、五年，安帝永初元年，顺帝汉安元年，冲帝即位后，桓帝建和元年、三年，永兴二年，延熹八年，永康元年	宣帝神爵四年多“可亲民”三字

（续表）

科目	年代	备注
明当世务习先圣之术者	武帝元光五年	
文学高弟者	宣帝本始元年	
孝弟有行义闻于乡里者	宣帝地节三年	
厥身修正通文学明于先圣之术宣究其意者	宣帝元康元年	
明阴阳灾异者	元帝初元三年	
茂材异等者	元帝永光五年	
敦厚有行义能直言者	成帝鸿嘉元年，平帝元始元年	平帝时无“有行义”三字
勇猛知兵法者	成帝元延元年	
勇武有节明兵法者	平帝元始二年	
孝弟敦厚能直言通政事延于侧陋可亲民者	哀帝建平元年	
明兵法有大虑者	哀帝建平四年	息夫躬传为“明习兵法有大虑”
至孝与众卓异者	安帝永初五年	
列将子孙明晓战阵任将帅者	同上	
敦厚质直者	安帝元初元年	
有道之士	安帝建光元年，灵帝建宁元年	
武猛堪将帅者	安帝建光元年	

（续表）

科目	年代	备注
刚毅武猛有谋谟任将帅者	顺帝永和三年	
武猛试用有效验任为将校者	顺帝汉安元年	

以上皆与贤良归入一类，是朝廷特意延访此类的人才，用以搜罗贤俊，咨询治理，人才都有了进身之阶，一时号称得人。兹将两汉举贤良文学所得的人才，列举如下：

前汉举贤良文学：

晁　错　以太子家令举迁授中大夫

董仲舒　以博士举迁授江都相

公孙弘　以博士举迁博士待诏

杜　钦　以武库令举迁授议郎

严　助　郡举擢授中大夫

朱　云　以博士举迁授槐里令

王　吉　以云阳令举迁授昌邑中尉

贡　禹　以博士举迁授河南令

魏　相　郡卒史举迁授茂陵令

盖宽饶　以郎举迁谏大夫

孔　光　以议郎举迁授谏大夫

谷　永　以太常丞举待诏公交车

杜　邺　以凉州刺史举，不及拜官卒

何　武　以太子卒史举迁授谏大夫

辕　固　以清河王太傅举寻罢归里

黄　霸　以丞相长史举迁扬州刺史

朱　邑　以太守卒史举迁大司农丞

后汉举贤良文学：

鲁　丕	郡功曹举迁议郎	申屠刚
苏　章		李　法
爰　延		崔　姻
周　燮	不就	刘　瑜
荀　淑		皇甫规
张　奂		刘　淑
刘　焉		

（以上均见《文献通考》）

二、孝廉茂材

此由郡国察举的人才，孝廉茂材，原系两类，最初都未尝定为常制。到了前汉武帝时始定“孝廉”按籍岁举制度，后汉光武帝时，始定“茂材”亦按籍岁举。此后即经常办理，谓之“岁举”，亦有称之为“常科”的。兹分别略述其源流沿革如下：

（一）孝廉

“孝廉”为孝子、廉吏的简称。“察廉”有如后世的“特保”，属于察吏的制度；“举孝”有如后世的“取优行”，属于人民方面，与诏求“孝悌力田”同为善导社会风俗的方法。后来二者混而为一，遂成为固定的制度。其事实的经过如次：

1. 举“孝”兴“廉”的由来

初，文帝十二年（公元前168年），诏举“孝悌”“力田”和“廉吏”，分别荣赐帛匹和米粮。这是汉代诏举“孝廉”的开端。武帝元光元年（公元前134年）冬：“初命郡国举孝廉各一人。”后以应诏举荐者无多，甚至无人举荐，复于元朔元年（公元前128年）下诏书说：“公卿大夫所使总方略，一统类，广教化，美风俗也。夫本仁祖义，褒德禄贤，劝善刑暴，五帝三王所由昌也。朕夙兴夜寐，嘉与宇内之士，臻于斯路，故旅耆老，复孝敬，选豪俊，讲文学，稽参政事，祈进民心。深诏执事‘兴廉举孝’，庶几成风，绍休圣绪。夫十室之邑，必有忠信；三人并行，必有我师。今或阖郡不荐一人，是化不下究，而积行之君子雍于上闻也。二千石官长纪纲人伦，将何以佐朕烛幽隐，劝元元，厉蒸庶，崇乡党之训哉？且进贤受上赏，蔽贤蒙显戮，古之道也。其与中二千石、礼官、博士议不举者罪。”有司奏议曰：“古者诸侯贡士，一适谓之好德（适，得其人），再适谓之贤贤，三适谓之有功，乃加九锡。不贡士，一则黜爵，再则黜地，三则黜爵地毕矣。夫附下罔上者死，附上罔下者刑，与闻国政而无益于民者斥，在上位而不能进贤者退，此所以劝善惩恶也。今诏书绍先帝圣绪，令二千石举孝廉，所以化元元，移风易俗也。不举孝，不奉诏，当以不敬论；不察廉，不胜任也，当免。”奏可。

按，关于这一节，马端临氏曾有下列议论：“按齐桓公内政之法，与汉高皇、孝武二诏，俱为举贤设也。观其辞旨，皆以为人才之遗佚，咎在公卿之蔽贤，至立法以论其罪。后来之法，严缪[谬]举之罚，而限其涂辙者有之矣；未有严不举之罚，而责以荐扬者也。盖古之称贤能者，皆不求闻达之士，而后世之于荐举者，皆巧于奔竞之人，故法之相反如此。国家待士之意固薄，而士之不自重，深可慨也。”

又宣帝地节三年（公元前67年）诏书中说：“朕既并举贤良方正，而俗化阙焉；其令郡国举孝弟有行义者各一人。”（以

上均见《文献通考》）

可见举“孝”兴“廉”，各为一科，其所奖励，专在德行，由朝廷锐意奖励社会增进此种良好风气以资劝勉；与延访人才咨询政事的用意，自属有别，且最初亦未尝定为常制。其所甄拔的人才，如：萧望之、薛宣、黄霸、张敞等，皆以察“廉”补长丞，独王吉、京房、师丹、孟喜等皆以举“孝廉”为郎，刘辅举“孝廉”为襄贲令，此在武帝以后，“孝”与“廉”已合而为一了。

2．“孝廉”重在具有实行

汉代初年，诏郡国荐举人才，“贤良方正”与“孝廉”二科并行。前汉举“贤良文学”，则令其对策，取其忠言嘉谋，足以佐国，崇论宏议，足以康时，故非试之以对策，则无以尽其才；若“孝廉”则取其履行，而非资其议论。《文献通考》载：

“……然贤良一科，文帝与武帝时，每对辄百余人。又征诣公车上书，自炫鬻者以千载。而孝廉之选：文帝之诏，以为万家之县无应令者；武帝之诏，以为阖郡不荐一人。盖贤良则称有文墨才学者，可以充选；而孝廉则非有实行可见者，不容谬举故也。”

于此可见“孝廉”入选的甄拔，必须具有实行，不容滥举了。

3．“孝廉”的岁举

《汉书》载：“州郡举茂材、孝廉，自董仲舒发之。”仲舒对策说：

“长吏多出于郎中，中郎，吏二千石子弟，选郎吏又以富赀，未必贤也。且古所谓功者，以仕官任职为差，非所谓积日累久也。故小材虽累日，不离于小官；贤材虽未久，不害为辅佐。今则不然，累日以取贵，积久以致官。是以廉耻贸乱，贤不肖混淆，未得其真。臣愚以为使诸列侯、郡守二千石备择其吏民之贤者，岁贡各二人，以给宿卫，且以观大臣之能。”

本来在武帝元光元年（公元前124年）已规定郡国举“孝廉”制度：“郡国口二十万以上，岁察一人；四十万以上二人；六十万以上三人……不满二十万，二岁一人；不满十万，三岁一人。”事在仲舒对策前数月，可见创始虽与仲舒无涉；但后来垂为常典，或系采纳仲舒的建议，是为汉代岁举“孝廉”的开始。《续汉书·百官志》《注》引胡广说：“州刺史状州中吏民茂材异等，岁举一人。”《百官志》则谓“郡举孝廉，口二十万一人”。《后汉书·丁鸿传》载：“时大郡口五六十万举孝廉二人，小郡口二十万并有蛮夷者亦举一人。帝（和帝）以为不均，下公卿会议。鸿与司空刘方上言：‘凡口率之科，宜有阶品。蛮夷错杂，不得为数。自今郡国率二十万口岁举孝廉一人，四十万二人……不满二十万，二岁一人；不满十万，三岁一人。’帝从之。”此事当在和帝永元四年至六年之间（传记此事于宪自杀之后，宪自杀在永元四年六月，而鸿以六年卒）。及和帝永元十三年（101年），诏书中说：“幽、并、凉州，户口率少。边役众剧，束修良吏，进优路狭。抚接夷狄，以人为本。其令缘边郡口十万以上，岁举孝廉一人；不满十万，二岁举一人；五万以下，三岁举一人。”此种按人口比例岁举“孝廉”的规定，乃抚慰边陲，调和文化，使人人有平均参政的机会，用意至为周到。后来历魏晋南北朝，虽小有改革，但大抵因袭汉制；唯斯时门阀之风特盛，夷狄乱华，武人专政，察举制度竟成具文了。

4. 廉吏的荐举渐趋浮滥

汉代立制初意，廉吏应出于乡官小吏，如非有真正的才学，又不足以应朝廷的诏举。故郡县大多不愿意荐举，而求应此种荐举的人也很少。有些郡国迫于功令之严，往往荐举大吏，如宣帝黄龙元年（公元前49年）诏书中说："举廉吏，诚欲得其真也。吏六百石，位大夫，毋得举。"

此亦可见当时朝廷意在奖进小吏，而郡国乃以位至大夫俸至六百石的大吏充数，故诏书中始有此项纠正，则当时对于举廉吏一事，已不免近于敷衍塞责了。

（二）茂材

"茂材"原名"秀材"，因避后汉光武帝的名讳，改"秀"为"茂"，本来缀以"异伦"(或"异等")二字，其等级较"孝廉"为高，有如后世的"进士"，初属于特举之列。如武帝元封五年（公元前106年）诏书中说："盖有非常之功，必待非常之人。故马或奔踶，而致千里；士或有负俗之累，而立功名（负俗，谓被世讥论也）。夫泛驾之马，跅弛之士，亦在御之而已。其令州郡察吏民有茂材异等可为将相及使绝国者。"

（三）"孝廉""茂材"的并举

"孝廉"和"茂材"二科，在前汉时代，原系个别举行察举；到了后汉初年，"茂材"一科，始与"孝廉"按籍而征的规定，同人岁举之列。《文献通考》载：

"光武建武十二年（公元36年），诏三公举茂材各一人，廉吏各一人；左右将军岁察吏各二人；光禄岁举郎茂材四行（一曰德行高妙，志节清白；二曰经明行修，能任博士；三曰明晓法律，足以决疑，能按章覆问，才任御史；四曰刚毅多略，遭事不惑，明足照奸，勇足决断，才任三辅令）各一人，察廉吏三人；中二千石岁察廉吏一人；监御史、司隶、州牧举茂材各一人……旧制：光禄举三署郎以高功久次才德尤异者为茂材四行（四行：淳厚、质朴、谦逊、节俭也。光武建武十二年诏书中无“孝”字，但明帝时，樊儵上疏，已有“郡国举孝廉，率取年少能报恩者”之语［《后汉书》］，似乎“孝”“廉”并举，故合称“孝廉”，已成惯例）。

“孝廉”之选，每岁一次，选后又不必对策，即可任用，论理则被举者应该很多；但文帝时，已有“万家之县，无应令者”，武帝时，也有“阖郡不举一人”的事实，可见当时察举“孝廉”，异常认真，是不能随便推荐的。后汉时代，“贤良方正”虽不及前汉时代之多，而“孝廉”“茂材”远过之；“孝廉”一科，尤为发达，所有一时名流贤士都从此中选拔出来。前汉言吏曰“廉”，言民曰“孝”；“茂材”之举，与“贤良”相近，而次数甚少。后汉则“孝廉”专以察吏，“茂材”专以选士，名实微有不同。章帝时，规定郡国口二十万，岁举“孝廉”一人为率，并恢复四科辟士之法。诏书中说：“刺史守相，不明真伪；茂材孝廉，岁以百数。”

范晔亦说：“汉初诏举‘贤良方正’，州郡察‘孝廉茂材’，斯亦选士之方也。中兴以后，复增‘淳朴’‘有道’‘贤能’‘直言’‘独行高节’‘质直清白’。‘淳厚’之属，荣路既广，觖望难裁。自是窃名伪服，寖以流竞；权门贵势，请谒繁兴。”（《后汉书》）

可见汉代的察举，最注重道德，故后世称汉代教育为德治时期的教育。在上者虽以此极力提倡，但行之一久，不免弊窦丛生，致“窃名伪服”者亦复不少。例如许武已作“孝廉”，因两弟未显，欲令其成就功名，乃故意分析家产，自取良田大厦，而分给两弟的财产既少且劣，于是乡人皆盛称两弟的逊让，而鄙薄许武的贪婪，因是两弟并得察举，武即将三倍于前的产业，还与两弟，而声明从前所为系有意作伪，以成弟名(《文献通考》卷三十四)，以致虚名所归，大多数系矫揉造作之辈，其居心诚有不堪闻问者。故徐所著的《中论》(《隋书·经籍志》:“徐氏《中谕》六卷，列于儒家。”魏文帝文:“《中论》二十篇，成一家之言，释义典雅，足传于后。”)《考伪篇》中说:“父盗子名，兄窃弟誉，骨肉相给，朋友相诈。”信非虚语。又《后汉书》载:“桓帝之世，更相滥举，人为之谣云:‘举秀才，不知书；举孝廉，父别居；寒素清白浊如泥，高第良将怯如黾。’”(黾，蛙也。《晋书》作“怯如鸡”，盖不得其音而误改耳。)

此谣虽发生于桓帝之世，但上溯到顺帝，时间很近，亦可见当时风俗之偷，多以诈伪相尚。更有受贵人势家的请托，如《后汉书·种暠传》载:“河南尹田歆，外甥王谌名知人。歆谓之曰:‘今当举之孝廉，多得贵戚书令，不宜相违。欲自用一名士，以报国家，尔助我求之。’”

益可见贵人的请讬，实缘于士人的钻营奔竞，阅《潜夫论》(汉王符撰，凡十卷，三十五篇。符遭逢乱世，以耿介忤俗，发愤著书，然明达治体，所敷陈多切中得失，非迂儒矫激，务为高论可比)、《申鉴》(汉荀悦撰，明黄省会注，五卷。献帝时，悦侍讲禁中，见政移曹氏，志在献替，而谋无所用，乃作此书。其《政体》《时事》二篇，皆制治之要旨；《俗嫌》一篇，排斥谶纬；《杂言》上下二篇，剖析义理，皆儒者之营。省会所注，亦多得悦之本意)、《中论》、《抱朴子》(晋葛洪撰。洪自号“抱朴子”，因以名其所著之书。《内篇》论神仙吐纳，符签克治之术，纯为道家之言；《外篇》则论时政得失，人事臧否，词旨辨博，饶有名理。凡八卷）诸书有关此类问题的论著可知，察举既不可靠，于是不得不趋向于考试的一途了。

第二目　左雄的改制——“孝廉”须应考试的开始

汉初的察举，虽有“贤良对策”的制度，其余如“孝廉”“茂材”等科的被举人士，封即拜官，有选无试，只能谓之荐举，并且逐渐发生流弊，有不能不另行设法以图补救的趋势，这也是当时事实使然。果然到了后汉顺帝阳嘉元年（132年），尚书令左雄即创议改制，其所上奏议说：

“郡国‘孝廉’，古之‘贡士’，出则宰人，宣协风驶。若共面墙，则无所施用。孔子曰‘四十不惑’，礼称强仕。请自今，‘孝廉’年不满四十，不得察举，皆先诣公府，‘诸生试家法，文吏课笺奏’，副之端门（端门，御史府也。后汉选士之法，试之公府，又副之于端门。《后汉书》），练其虚实，以观异能，以美风俗。有不承科令者，正其罪法。若有‘茂材异行’，自可不拘年齿。”

于是规定“孝廉”限年课试的法则，在公卿郡国荐举以后，即加以甄试，此为考试制度化的滥觞。当左雄改制时，反对的人自然很多，如黄琼、胡广、张衡、崔瑗、郭虔、史敞等，大致以为选德之科一变而为试文之举，舍本逐末，人才日败。但事实上，改制以后，颇能收到良好的效果。《后汉书》载：“自左雄改制后，牧守畏法，莫敢轻举。十余年间，察选清平，号为得人。”

如济阴太守胡广等十余人，皆坐谬举免黜；独汝南陈蕃，颍川李膺，下邳陈球等三十余人得拜郎中。其后黄琼为尚书令，以雄所上“孝廉”之选，专用“儒学、文吏”，于取士之义，犹有所遗，乃奏增“孝弟”及“能从政者”为四科。至是，则前汉的“贤良”“孝廉”两科，已同归入岁举中，不过统以“孝廉”之目罢了。

此项制度不废主观的察举，兼用客观的考试，在时代进化来说，乃是必然的趋势。一方面使布衣下吏皆能得到政治上的出路，足以奖拔人才，鼓舞风气；一方面使全国各郡县人士有机会得以平均参加中央政府服务，对大一统政府的维系，尤为有效。最重要的，则在朝廷用人，渐渐走上一个公平客观的标准，使政府性质慢慢超出王室私亲的关系而趋向独立途辙。兹综合此项制度的规模略述如下：

“孝廉”“茂材”察举的规模

一、人口比例的规定

1. 郡国人口二十万以上的，岁举一人；四十万以上的，岁举二人，更多的依此类推。

2. 郡国人口不满二十万的，二岁举一人；不满十万的，三岁举一人。

3. 小郡人口二十万，并有蛮夷的，岁举二人。

4. 沿边郡人口十万以上的，岁举一人；不满十万的，二岁举一人；五万以下的，三岁举一人。

二、察举者的资格

1. 内官：三公、光禄、中二千石、监御史、左右将军。每科所举，各有定额。

2. 外官：州牧、郡国守相，其任职未满一年的，不得察举。顺帝时，令郡国守相就事未满岁者一切得举孝廉吏。

三、被察举者的消极资格

1. 吏六百石以上，不得举为“廉吏”。

2. 侍中、尚书、中官的子弟和赃吏的子孙，不得举为“孝廉”。

3. 年龄以四十岁为最低限，但有“茂材异行”的，则不拘年齿。

四、考试的规定

1. 诸生试家法。

2. 文吏课笺奏。

3. 副之端门，练其虚实。

五、不举和谬举的处罚

1. 不举的处罚

武帝元朔元年诏书中说：“深诏执事‘兴廉举孝’……今或阖郡不荐一人……其与中二千石、礼官、博士议不举者罪。”有司奏议曰：“不举孝，不奉诏，当以不敬论；不察廉，不胜任也，当免。”

2. 谬举的处罚

《汉书·百官公卿表》：

(1) 竟宁元年，张谭为御史大夫；阳朔三年，韩立子渊为执金吾；后皆坐选举不实冤。

(2) 绥和元年，遂义子赣为左冯翊，坐选举免。

(3) 元寿二年，梁相为大理；三年，坐除吏不次免。

(4) 严延年为河南尹，察狱吏廉，有臧不入身，坐选举不实贬秩。

(5) 张汤会孙勃举陈汤“茂材”，以汤有罪，削户二百。湖三老讼王尊曰：“审如御史章，任举尊者，当获选举之辜，不可但已。”

照以上诸例说来，知汉世官吏不能选举或选举不实，都要受到贬降、免官甚或依律论罪的处罚；但相反方面，如因选举得人，不仅被选举者将畀以政府的职位，而选举者亦将因荐贤而得到奖赏。例如胡广以“孝廉”为法雄所察举，到京师试章奏，安帝以广为第一，并传诏奖誉法雄，以嘉其功。

“孝康”之选，因汉代初年，非常慎重，至有阖郡不荐一人，命有司议不举者罪，其难进如此。但天下事，往往利之所在，弊亦随之，史册所载自左雄改制后，也发生下列的弊端：

1. 牧守畏法，恐所举不贤，因而受连带的罪名；或因嘱托者多，顾此失彼，开罪于人；故宁愿奉诏不举，放弃其察举权。

2. 即使迫于功令之严，不敢不举，姑举容悦软滑之流，以图塞责，不致大为偾事；或选门阀贵胄，借以交欢当道，纵有蹉跌，彼辈自能救护，不致连坐。

3. 受公卿朝贵外戚等的请托，不敢不举，非为市恩，聊以免祸。

4. 专举少年能报恩的人士，以为异日党援。

5. 迫于清议，劫于月旦，不敢自为衡鉴，专取虚声哗众之士，以邀誉避谤于奔竞浮嚣之徒，结果遂造成党锢之祸。

上述种种，皆为后汉季世所发生的流弊。欲救此弊，唯有二法：一如曹操、诸葛武侯的专校功能，但此只可施之于考课之时，而不能用之于选拔之际。一如魏毛玠的选举：“拔真实，斥华伪，进逊行，抑阿党。”“虽于时有盛名，而行不由本者，终不得进。”(《三国志·魏志》)然不能考之于其乡里，而徒就典选者的耳目所及，终亦不免为矫伪者所欺蒙，此所以到了曹丕执政柄的时候(汉献帝建安二十五年，改元延康元年，是年十一月魏文帝受禅，改元黄初)，即创立“九品中正”的制度了。

兹将两汉举“孝廉”所得的人才，列举如下：

前汉举“孝廉”：

路温舒　以决曹史举迁山邑丞

龚　胜　郡吏三举孝廉再为尉一为丞

鲍　宣　以郡功曹举迁郎

京　房　以孝廉举为郎

赵广汉　以州从事举茂材察廉迁阳翟令

张　敞　以太守卒史察廉为甘泉仓长

尹翁归　以督邮举廉为缑氏尉又以都内令举廉为弘农都尉

王　尊　以州从事举迁盐官长

盖宽饶　郡文学举迁郎

刘　辅　迁襄贲令

萧望之　御史官属迁治礼丞

薛　宣　以大司农斗食属察廉补不其丞又以不其丞察廉迁乐浪都尉丞

冯　逡　野王子迁郎

朱　博　以太常掾察廉补安陵丞

杜　鄴　迁郎

王　嘉　光禄掾察廉为南陵丞复察廉为长陵尉

师　丹　迁郎

孟　喜　迁郎

黄　霸　左冯翊卒史察补河东均输长复察廉为河南太守丞

尹　赏　以郡吏察廉为楼烦长

王　吉　郡吏举孝廉为郎

平　当　以大鸿胪文学察廉为顺阳长

后汉举“孝廉”：

马　棱　伏波族孙以郡功曹举迁谒者　魏　霸

韦　彪		冯　豹		贾　琮		郑　弘
周　章		张　霸		桓　典		桓　鸾
刘　平		江　革		周　盘		第五伦
钟离意		寒　朗		朱　穆		徐　防
张　敏		胡　广		袁　安		翟　酺
霍　谞		陈　禅		庞　参		陈　龟
桥　元		黄　宪	不就	杨　彪		张　纲
王　龚		冲　嵩		陈　球		杜　根
刘　陶		李　云		傅　燮		盖　勋
张　卫	不就	左　雄		李　固		杜　乔
吴　佑		延　笃		段　颎		陈　蕃
李　膺		刘　佑		宗　慈		巴　肃
范　滂		尹　勋		蔡　衍		羊　陟
陈　翔		檀　敷		刘　儒		贾　彪
符　融	不就	郑　太	不就	荀　彧		皇甫嵩
朱　隽		刘　虞		公孙瓒		袁　术
许　荆		第五访		刘　矩		刘　宠
阳　球		刘　琨		张　兴		包　咸
杨　仁		董　钧		服　虔		颖　容
许　慎		高　龚		刘　梁		高　彪
刘　茂		张　武		戴　封		雷　义
王　烈		谢夷吾		李　合		公孙穆

华　佗　不就

（以上均见《文献通考》）

综观上述各点，两汉的察举，以“贤良”“孝廉”二科，得人最盛；而“孝廉”的察举，常较“贤良”为难，其变革也较多。大抵“贤良”合于“直言极谏”“文学”“高第”诸科，其取之也以言，故多加策试；“孝廉”兼有“茂材异等”“至孝”“笃行”诸科，其取之也以行，故重在考察。言采易见，而德行难知；策就可凭，而考察难见。于是不得不用公平客观的考试方法以补选举制度的不足，故选举决制的变迁，即逐渐趋向于考试的一途，此亦由于时代的趋势使然。光武帝时，岁察“廉吏”“茂材”，有似考试期间的雏形；章帝时，恢复“四科辟士”之法，有似考试分科的雏形；和帝时，按人口比例为察举的标准，有似考试名额的雏形；顺帝时，从左雄的建议，初令“郡国举孝廉，限年在四十岁以上，诸生试家法，文吏课笺奏”，更有似于考试年龄和笔试科目的雏形。夷考以上各项法制的由来，大多数因有鉴于选举所发生的流弊而创设的。初以“孝廉”之选，应者寥寥，或“万家之县，无应令者”，或“阖郡不举一人”，于是有逐岁察举的制度；但“选举不行，邪妄未生”（光武帝建武中元二年诏），“刺史守相，不明真伪”（章帝建初元帝诏），于是有“四科辟士、辨诘职事”的制度；又恐举额不均，于是有“按口分配”的制度；又以“郡国举孝廉，率取年少能报恩者；耆宿大贤，多见废弃”，于是有“限年试才”的制度。变革愈多，而规制亦愈倾向于考试的方向；唯其根本精神，仍难脱选举的窠臼。因“孝”“秀”诸科，皆先举后试，非以自由竞争的方式入选；“贤良”一科，多征已仕，鲜及布衣，其策试求言，多因天灾时变而起；又“孝廉”

到即拜官，多取虚声，以冀荐辟，后虽间或加以考校，究不以考试为唯一的晋身途径，均非凭才取士。所以汉代的考试，只能说已开考试制度的先河，仍不能脱离选举的羁绊而独立行使。

又汉代设科的用意，含有“募求”“消纳”“奖劝”等政治作用。如武帝时，屡募“能使西域绝国者”，即有张骞等应诏；后来就有很多人往来绝域，遂开发了西域，这就是“募求”的作用。如因灾求言，令对策者极言得失，甚或廷对，与公卿辩论时政得失，如桓宽的《盐铁论》，即应学者和大臣廷辩的议事录；又如怀才不遇之士，恐其辍耕太息，或南走越，北走胡，和国家为难，皆借察举网罗这班人才，这就是“消纳”的作用。至于“奖劝”的作用：如重劝孝，则举“孝行”；重劝农，则举“力田”；重惩贪，则举“廉吏”；重修文，则举“文学”之类。以上三种政治作用，在汉初收效甚大，后来历代的大政治家多有仿效这些办法的。此外尚含有一种重大作用，那就是甄别人才、蔚为国用。用一种客观的测验方法，来判断各方面所举的人是否贤能。这一作用，不独可以判断贤否，而且可以避免恩怨，就成为考试制度的精神所在了。

第二节 汉代的学校

学校和考试，本相表里，故历代史志，并列于选举门内。兹就汉代学制与考试有关的部分，略选如下：

武帝时所兴的学校，尚在草创时期，并无系统可言。到了平帝元始三年（公元3年），始制定中央和地方的学制系统，当时分学校为五级：在中央只有“太学”一级；在地方分“学”“校”“庠”“序”四级。由郡国县邑兴办的称作“学”和“校”，由乡聚兴办的称作“庠”和“序”。“太学”属于大学性质，“学”“校”属于中学性质，“庠”“序”似属于小学性质。其实这些等级，并不十分明显，且没有中小学正式的名称。“学”“校”“庠”“序”四级，并没有连属的关系，对于中央的“太学”，也不相统属。不过由“学”和“校”出身的学生才有资格升入“太学”求学罢了。

以上所说，全为直系的学校，此外有两种旁系的学校：一为“官邸学”，是政府专门为皇室和贵胄子弟所创办的；一为“鸿都学”，是由帝王的意旨临时兴办的。

汉代国家教育虽较前代发达，而私人讲学的风气也很盛行，儿童和青年所受的教育，多半付托在“私塾”里面。“私塾”似乎也有两级，而低级的特称“书馆”。“私塾”的势力有时且凌驾官立学校之上，而地方政府所设立的学校，时兴时废，若有若无，反而无足轻重了。

一、"太学"的起源

汉代的"太学"，在武帝时，始由董仲舒提议创设。当时只有"博士弟子"五十人；昭帝时，增加到百人；宣帝时，增加到二百人；元帝时，增加到一千人；成帝时，已到三千人了。后汉初年，学额无从考查，但以光武帝热心提倡明、章之治，更踵事增华，注意兴学，一时学者云集京师，则"太学"的发达，当可断言。而"太学生"最盛时代，当以质、桓二帝的时代为第一，当时"太学生"已达三万余人。郡国方面亦有"五经百石吏""文学掾"，于是京师内外，已多文质彬彬的学者了。计当时设学的系统略述如下：

1. 京师"太学"：以"博士"为师，其学生为"博士弟子"，后称为"太学生"。

2. 地方"郡国学"：以"文学掾""五经吏"为师，其学生取郡国子弟少年聪颖的入学，学成以后，贡于京师。

二、"博士选授"和"博士弟子补官"的考试法

武帝初，置"博士弟子"，系就原有的"博士官"而从之受业，后来师儒之选渐替，乃今丞相、御史、中二千石杂举之。到了光武中兴以后，先访儒雅，四方的士子，云集京师，乃置十四"博士"，各以其家法教授，领于太常（官名，教育部分也归他掌管）。太常选奏"博士"，先试而后用，于是有考试"博士"的制度。《文献通考·太学篇》载：

"按西京博士，但以名流为之，无选试之法。中兴以来，始试而后用，盖欲共为人之师范，则不容不先试其能否也。"

1. "博士"的考试法，旧史不详，今可考见者

（1）须保举而后试。"博士举状"说："生事爱敬，丧设如礼，通《易》《尚书》《孝经》《论语》，兼综载籍，穷微阐奥，

隐居乐道，不求闻达……行应四科，经任博士。下言某官某甲保举。”

（2）有缺额始补。建武中，太常试选博士四人，陈元为第一。元举孝廉为郎，会“颜氏博士”出缺，元策试第一，拜为“博士”。

（3）年龄未满五十的，不得为博士。《汉官仪》：“博士限年五十以上。杨仁举孝廉除郎，太常上仁经中博士，仁自以年未五十，不应旧科，上高逊选。”

（4）增置博士，须征求诸博士同意。成帝时，欲增立“左氏春秋博士”，诸博士不甚赞成，刘歆乃移书“太常博士”辩之。

2. 考试“博士弟子”的科目

（1）太学岁试：岁试分甲、乙、丙三科及第。甲科四十人，为郎中；乙科二十八，为太子舍人；丙科四十人，补文学掌故。

（2）太学别试：右将军自六百石遣子弟受业，岁满课试，以高第五六人补郎中，次五人补太子舍人，此为官卷别出之始。

（3）郡国明经试：由郡国贡至京师考试，有甲、乙等科，授官和太学中的甲、乙科略同；不过此为太学以外的考试，便利远方州郡自修之士和私塾弟子而设。

（4）比郡国明经试：桓帝建和初，诏诸学生年十六以上的，比郡国明经试，次第上名。高第十五人，上第十六人，为郎中；中第十七人，为太子舍人；下第十七人，为王家郎（此似为太学生名额以外的科目，太学和郡国学学生，均得应考）。

3. 升职、留级补试法则为：

（1）学生满二岁试通二经的，补文学掌故；其不能通二经的，须再补行复试，如能及格，亦得为文学掌故。

（2）已为文学掌故，满二岁试，能通三经的，擢其高第为太子舍人；其不得第的后试，复随辈试，第复高的，亦得为太子舍人。

（3）已为太子舍人，满二岁试，能通四经的，擢其高第为郎中；其不得第的后试，复随辈试，第复高的，亦得为郎中。

（4）已为郎中，满二岁试，能通五经的，擢其高第补吏，随才而用；其不得第的后试，复随辈试，第复高的，亦得补吏。

以上为“博士弟子”补官的制度。

附图：两汉学制系统图

附图：文景以来入官学者图

中央	高等教育	五级	中央政府—太常—太学；太常—鸿都门学；宫邸学；太学—私设讲坛
郡国	中等教育	四级	学
县道邑		三级	校
乡	初等教育	二级	庠
聚		一级	序；书馆

学者入官

(1) 以博士入官者：贾谊、董仲舒、疏广、薛广德、彭宣、贡禹、韦贤、夏侯胜、辕固、后仓、韩婴、胡母生、严彭祖、江公——凡十四人

(2) 以太常掌故入官者——晁错——凡一人

(3) 以博士弟子入官者：息夫躬、倪宽、终军、朱云、睦弘、萧望之、匡衡、马宫、何武、翟方进、王嘉、施雠、房凤、召信臣——凡十四人

(4) 以郡文学入官者：梅福、隽不疑、韩延寿、王章、郑崇、盖宽饶、诸葛丰、席禹——凡八人

关于汉代太学制度的得失，武帝初，置“博士弟子”五十人，到后来增置“太学”，学生人数，由五十人而百人、千人，乃多至三万余人，其他州郡的学生，尚未计算在内，学校生徒之众，可谓中古无匹了。尤其在光武中兴时期，“敦尚经术，宾延儒雅，开广学校，修明礼乐，武功既成，文德亦治。继以孝明、孝章，遹追先志，临雍拜老，横经问道，自公卿大夫至于郡县之吏，咸选用经明行修之人……是以教之于上，俗成于下……自三代既亡，风化之美，未有若东汉之盛者。”(《资治通鉴》司马光论教化风俗）后来因太学生人数众多，而且这些人当中，未必都是学优则仕之辈，唯试中高第得甲、乙科的，才能补太子舍人等职，则甲、乙科以外的太学生，就不能取得官职，故特一补再补，多方考试，不特为网罗遗才之意，亦且具有消纳游宦之心，吾人于此观于后汉质、桓二帝时代，太学学生人数多至三万余人的盛况，虽博得“兴教化”的美名，实则造成“盛游宦”的流弊了。入学不加选择，申途不加限制，教授不加考察，而徒欲以一第验其成绩，遂谓已尽兴学育才的能事，又何尝想到这三万余的太学生，皆血气未定、志气纵横的青年，平日聚居京师，黉舍万间，将何所作为？将发何议论？一旦落第，累试累罢，又将作何种归宿？不私居造作语言，即公然奔走朝贵，情势所趋，何能例外。故太学生三万余人，大之则“上干公卿，下则交结州郡，生徒更相驰驱，共为朋党，诽谤朝廷，淆乱风俗”，酿成党锢之祸；小之则“争第高下，更相告讦，私行金货，改定兰台漆书，以合私文”。其作奸犯科，乱国败政之弊，皆由学制的不良所造成，于此可见“养士而不教”和“教成而不用”二者为害之大，斯又不能不慎重将事妥为处理了。

第四章 魏晋南北朝的选士制度

第一节 魏晋的九品中正制

第一目 九品中正制的由来

自汉代创立察举制度以后，对于甄拔人才方面，已能初具规模；但有些弊端，还是无从防止。其原因即在寄考试于选举之中，则平等竞争的精神，终难有充分的发挥。于是在后汉季世就有“举秀才，不知书；察孝廉，父别居；寒素清白浊如泥，高弟良将怯如黾”的谚语。《抱朴子》亦载有“士大夫遂致以不应辟举为高”的说法，亦可见当时察举的人才，是如何的不孚众望了。到了桓、灵之际，更是主昏政谬，处士横议，相习成风。舆论所奖，率在虚名。负虚名者不必有才，即德行亦多出于矫伪。以致曹操仅注重才能，而忽视德行，明言廉士不足用。甚至下令欲求盗嫂受金之士（《三国志·魏志·武帝纪》：建安十五年春，十九年十二月、二十二年八月令。顾亭林极诋之，谓“经术之治，节义之防，光武、明、章数世为之而未足，毁方败常之俗，孟德一人变之而有余”。见《日知录·风俗》条）。然此乃一时矫枉过正的举动，未可用为常典。而当时纲纪废弛，仕途的猥滥不堪，已可概见。于是激浊扬清，品隲人物的权柄，乃由上而下移，遂造成汝南月旦评的风气。（《后汉书·许劭传》：“劭与靖俱有高名，好共核论乡党人物，每月辄更其品题，故汝南俗有月旦评焉。”许靖，字文休，劭从兄，后因为品评人物之通称。《文选》刘峻《广绝交论》：“雌黄出其唇吻，朱紫由其月旦。”《南史·庾肩吾传》：“论兹月旦，类彼汝南。”）故何夔建议，谓“自军兴以来，用人未详其本，各引其类，时忘道德。自今所用，必先核之乡闾，使长幼顺叙，无相逾越”。这就是因为时当三国丧乱之际，地方与中央失去联系，交通既不方便，许多地方亦并无施政的实际权力，人士流徙，考群无地（卫瓘语）。用兵既久，人才自行伍杂进，郎吏蓄于军府，豪右聚于都邑（李重语）。选举制度，遂告崩溃，政府用人，漫无标准，所有两汉文治精神所托命的州郡察举制度，一时逆转，而倒退为秦汉初年的军功得官。当时为补偏救敝起见，乃另有一种选举方法，名为“九品中正制”。两汉的察举，大多数以乡里的毁誉——大多数人的舆论——作为标准，而“九品中正制”颇有区别。

此制创始于魏文帝黄初元年（220年），尚书陈群以为旧日选举的法则，流弊甚多如所说：“天朝选用，不尽人才……朝廷用人，一以委之尚书……一吏部，两郎中，而欲究鉴人物，何异管窥天下。”（《三国志·魏志·陈群传》）

于是创立九品官人的制度。《文献通考》说：

“延康元年（汉献帝建安二十五年改元延康，是年十二月魏文帝受禅，改元黄初），乃立九品官人之法。州郡皆置中正，以定共选。择州郡之贤有识鉴者，为之区别人物，第其高下……州郡县俱置大小中正，各取本处人，在诸府公卿及各省郎吏，有德充才盛者为之，区别所管人物，定为九等。其言行修著，则升进之，或以五升四，以六升五；倘或道义亏缺，则降下之，或自五退六，自六退七矣。以吏部不能审定天下人才士庶，故委中正铨第等级，凭之授受，谓免乖失及法弊也。”

又《廿二史札记》说：

“魏文帝初定九品中正之法：郡邑设小中正，州设大中正，由小中正品第人才，以上大中正；大中正核实以上司徒；司徒再核，然后付尚书选用。”

依照以上的说法，则“中正”实兼负考选和铨叙两种责任。中正的人选，必以当地人具有德望者为之（钱大昕《潜研堂文集》：予尝以诸史参考得其大略。盖每州置大中正一人，郡国皆有大中正一人，又以小中正贰之，其属则有“清定”“访问”诸名，员数则未之详矣。《晋书·刘毅传》：年七十告老，……司徒举毅为青州大中正，尚书以毅县车致仕，不宜劳以碎务。陈留相乐安孙尹表言：“臣州茂德惟毅，越毅不用，则清谈倒错矣。”于是青州自二品以上光禄勋石鉴等共奏曰：前被司徒符当参举州大中正，佥以毅行高义明，出处同揆，实臣州人士所思准系，臣等虚劣，虽言废于前，今承尹书，敢不列启。由是毅遂为州都）。亦就是在当时任职中央、德高望重的人士中，由各州郡分别公推大中正一人，在大中正以下再选派小中正。然后由中央发出一种“人才调查表”来，在此项表格中，把人才分成九品（上上、上中、上下、中上、中中、中下、下上、下中、下下)，由各地方大小中正，各就所知，将各地方流亡在中央政权所及地方的人士，各按本籍分别记载下来，无论其人已否做过官，都要填表登记。表内详载其年龄、籍贯、资历、品德等项，分别品第，加具评语，所以主持这种工作的便称为“九品中正”。这些表格，由小中正襄助大中正核定后呈报到吏部去，吏部便根据这些表册的等第和评语来斟酌任用，分别黜陟。这样一来，官吏的任用和升降，比较有了客观标准，而此项标准，还是依据各地方的群众舆论与公共意见，依然保留有汉代乡举里选的遗意。至中正所定的品状，则三年一更(《晋书·石季龙载纪》：季龙下书曰：“魏始建九品之制，三年一清定。从尔以来，遵用无改。自不清定，三载于兹，主者其更铨论。”)；并多设“访问”，帮助调查，以为评定品状的参考(《晋书·孙楚传》：王济为太原大中正，访问者论邑人品状，至孙楚，则曰：“此人非卿所能目，吾自为之。”乃状曰：“天下英博，亮拔不群。”又《晋书·刘卞传》：卞初入太学，试经，当为四品。台吏访问，欲令写黄纸一鹿车，卞不肯，访问怒，言于中正，乃退为尚书令吏)。如小中正有过失或不法情事，大中正就应当举发，不得徇情隐瞒(《晋书·卞壶传》：淮南小中正王式，父殁，其继母终丧，归于前夫之子，后遂合葬于前夫。壶劾之，以为犯礼害义，并劾司徒及扬州大中正，淮南大中正含容徇隐，诏以式付乡邑清议，废终身)；而中正所黜陟的人，政府也随时可予以变更(《晋书·霍原传》：燕国中正刘沈举霍原为二品，司徒不过，沈上书，谓原隐居求志，行成名立，张华等又特奏之，乃为上品。又《晋书·张轨传》：张华素重张轨，安定中正蔽其善，华为延誉，得居二品)；但被纠弹付清议的，则多致废弃，有同禁锢了(《日知录》：九品中正之设，虽多失实，凡被纠弹付清议者，即废弃终身，同之禁锢。至宋武帝篡位，乃诏有犯乡论清议，赃污淫盗，一皆荡涤洗除，与之更始。自后凡遇非常之恩赦文，并有此语。齐、梁、陈诏并云洗除先注，常日乡论清议，必有记注之目)。

中正对现任官吏评叙等第之后，尚须随时依朝廷的规定选举人才。如《晋书·武帝纪》载：

“(陈留王)咸熙二年(晋王司马炎)令诸郡中正以六条举淹滞：一曰忠恪匪躬，二曰孝敬尽礼，三曰友于兄弟，四曰洁身劳谦，五曰信义可复，六曰学以为已。”

朝廷中的官员和所需的人才，其品德行能既任中正评定；但任中正的人，难免不有因各人性格的不同，以致评定等第有宽严的差别。如《三国志·魏志》二十三常林传注：

“时苗，字德胄，巨鹿人也。少清白，为人疾恶，建安中入丞相府，出为簿春令，令行风靡……其始之官，乘薄牵车，黄牸牛及布被衣囊，居官岁余，牛生一犊，及其去，留其犊，谓主簿曰：‘今来时，本无此犊，犊是淮南所生有也。’群吏曰：‘六畜不识父，自当随母。’苗不听，时人皆以为激，然由此名闻天下。还为太官令，领其郡中正，定九品，至于叙人中不能宽大，然纪人之短，虽在久远，衔之不置。”

可见任中正之职的，往往滥用职权，任意评定等第的高下。所以“九品中正制”在魏代创立未久，已渐渐发生权限偏颇，混淆侵越之事。起初中正官仅评定入仕或升任者的德行，叙定品第，达于尚书，而尚书秉铨衡之任，渐次中正官便干预铨衡，于是中正官侵越了尚书台的职权。这样一来，尚书台对于官吏的考功事宜，便不经由其隶属长官，使之决于“闾阎之议”。因此各级长官便失去了对部属考功之权。所谓“闾阎之议”，还不是操之于中正官的手里？于是一般热中人士不得不奔走夤缘于中正官之门了。当时散骑常侍夏侯玄有见及此，曾经建议：“使中正专考‘行迹’，别其高下，勿使升降，官属之功能，由各该长官核定，献之台阁，台阁总两方面之数据，予以铨用。”如《三国志·魏志·夏侯尚传》载：

“太傅司马宣王问以时事，玄（散骑常侍中护军夏侯玄）议以为：夫官才用人，国之柄也。故铨衡专于台阁，上之分也；孝行存乎闾巷，优劣任之乡人，下之叙也。夫欲清教审选，在明其分叙，不使相涉而已。何者？上过其分，则恐由之不本，而干势驰骛之路开；下逾其叙，则恐天爵之外通，而机权之门多矣。夫天爵下通，是庶人议柄也；机权多门，是纷乱之原也。自州郡中正品度官才之来，有年载矣，缅缅纷纷，未闻整齐，岂非分叙参错，各失其要之所由哉？若令中正但考行伦辈，伦辈当行均，斯可官矣。何者？夫孝行著于家门，岂不忠恪于在官乎？仁恕称于九族，岂不达于为政乎？义断行于乡党，岂不堪于任事乎？三者之类，取于中正，虽不处其官名，斯任官可知矣。行有大小，比有高下，则所任之流，亦涣然明别矣。奚必使中正干铨衡之机于下，而执机柄者有所委仗于上，上下交侵，以生纷错哉？且台阁临下，考功校否，众职之属，各有长官，旦夕相考，莫究于此；闾阎之议，以意裁处，而使匠宰失位，众人驱骇，欲风俗清静，其可得乎？天台县远，众所绝意，所得至者，更在侧近，孰不修饰以要所求？所求有路，则修己家门者，已不如自达于乡党矣；自达乡党者，已不如自求之于州邦（盖邦为郡字）矣。苟开之有路，而患其饰真离本，虽复责中正，督以刑罚，犹无益也。岂若使各帅其分，官长则各以其属能否，献之台阁；台阁则据官长能否之第，参以乡闾德行之次，拟其伦比，勿使偏颇。中正则唯考其行迹，别其高下，审定辈类，勿使升降，台阁总之。如其所简或有参错，则其责负，自在有司。官长所第，中正辈拟，比随次率而用之，如其不称，责负在外。然则内外相参，得失有所，互相形检，孰能相饰？斯则人心定而事理得，庶可以静风俗而审官才矣。”

按照以上所说，则魏代的“九品中正制”行之未久，已暴露了许多流弊，到了晋代，仍复相沿未改，虽有卫瓘等上疏陈述“九品中正制”的弊端，请予废除，而代之以“乡论”，但晋武帝终于因循下去。如《晋书·卫瓘传》载：

“瓘以魏立九品，是权时之制，非经通之道，宜复古乡举里选，与太尉亮（汝南王亮）等上疏曰：‘……乡举里选者，先王之令典也，自兹以降，此法陵迟，魏氏承颠覆之运，起丧乱之后，人士流移，考详无地，故立九品之制，粗且为一时选用之本耳。其始造也，乡邑清议，不拘爵位，褒贬所加，足为劝励，犹有乡论余风。中间渐染，遂计资定品，使天下观望，唯以居位为贵，人弃德而忽道业，争多少于锥刀之末，伤损风俗，其弊不细。令九域同规，大化方始，臣等以为宜皆荡除末法……尽除中正九品之制，使举善进才，各由乡论……’武帝善之，而卒不能改。”

故晋代“九品中正制”的体系，是沿袭魏制，州设大中正，郡国置小中正（亦称中正），职掌选举。在中央之主管机关，有司徒左长史，及吏部尚书。吏部如要用人，则下中正详考其来历（居所及父祖官名。《通典》《选举典》）。吏部尚书隶属于尚书令，主典选举官吏之事，且多由尚书仆射兼领其职。

如《晋书·山涛传》载：

“山涛为吏部尚书……加散骑常侍，除尚书仆射，加侍中，领吏部……再居选职，十有余年，每一官缺，辄启拟数人，诏旨有所向，然后显奏……”

至司徒左长史，则隶属于司徒，除掌管选举外，并监督大小中正，如果中正有过误时，他就可以上奏章弹劾，但须得司徒的许可。如《晋书·傅咸传》载：

“豫州大中正夏侯骏上言，鲁国小中正司空司马孔毓，四移病所，不能接宾，求以尚书郎曹馥代毓，旬日复上毓为中正，司徒三却，骏故据正，咸（司徒左长史傅咸）以骏与夺惟意，乃奏免骏大中正，司徒魏舒，骏之姻属，屡却不署。”

所以晋代的司徒，在中央为统摄九品总枢之职。如“司徒魏舒所统殷广，兼执九品，铨十六州”。（《晋书·刘毅传》）更因司徒统摄九品选士之职，故州之大中正欲进某人的品第时，必先上司徒，司徒同意则已；否则如有反对意见，天子便诏下司徒与中书省长官共同研究，最后决定品第奏呈天子。如《晋书·霍原传》载：

“霍原……观太学行礼，因留习之……原山居积年，门徒百数……刘沈为国（燕国）大中正，元康中，进原为二品，司徒不过，沈乃上表理之，诏下司徒参论，中书监张华令陈准奏为上品，诏可。”

至于大小中正之间的关系，如果小中正行为失检，则大中正可以贬降其品第。如《晋书·李含传》载：

“李含……侨居始平，少有才干，两郡并举孝廉……司徒迁含领始平中正，秦王柬薨，含依台仪葬讫，除丧，尚书赵浚有内宠，疾含不事己，遂奏含不应除丧，本州大中正傅祗以名义贬含……含遂被贬退，割为五品。”

所有大小中正的职位，有属于专任的。如：“魏舒领司徒，有顷即真……以年老每称疾逊位，中复暂起，署兖州中正。”（《晋书·魏舒传》）“陶侃早孤贫为县吏……察侃为孝廉……吏部令史黄庆举侃补武冈令，與太守吕岳有嫌弃官，归为郡小中正。”（《晋书·陶侃传》）有属于兼领的，但都是中央的官员，且皆为天子的近臣。如：“王峤迁吏部郎，御史中丞，秘书监，领本州大中正。”（《晋书·王湛传》）“江统……陈留圉人也……除中书郎，升平中，迁吏部郎兼侍中，复领本州大中正。”（《晋书·江统传》）

第二目　九品中正制施行的期间

本来此项制度的形成，乃因当时在天下大乱、户口流散以后的一种临时措施。施行以来，流弊孔多；但终不能有所改革，诚如《刘颂传》所说：“天下大器，一安难倾，一倾难正。”“九品中正制”正复如此。自曹魏初年，经两晋以至南北朝，其制度的窳败，为朝野所尽知，天子卒不能加以修正，真正“一倾难正”，一直推行到隋文帝开皇年间，方始废止。《文献通考》载：

“梁初无中正制，敬帝太平二年，复令诸州各置中正，仍旧掌选举，皆须中正押上，然后量授，不然则否。后魏州郡皆有中正，掌选举，每以季月与史部铨择可否，其秀才对策第居中上，表叙之。正始元年，乃罢诸郡中正。”

同书又载：

“南朝至于梁、陈，北朝至于周、隋，选举之法，虽互相损益；而九品及中正，至开皇中方罢。”

是此项制度施行的期间，将及四百年之久了。

第三目　九品中正制的得失

最初陈群建议创立此制的用意，实因东汉末年，天下大乱，一切制度完全废弃，乡举里选，自亦无从进行。于是朝廷用人漫无标准，尤其是武人在行伍中滥用人员，不依制度，故不能不有一项可循的法规，以资依据。

这在曹魏初行此制的时候，总比以前漫无标准各自援引私人的陋习好得多。至于中正簿上，为什么要把做官的人一起登记品评呢？这又因为要把当时已经滥用不能称职的一批人清除出去。当制度建立之初，吏治澄清，这都是陈群建议创立此制的一番苦心。因此“九品中正制”就其当时救弊的原旨而言，也不能算是一种坏的制度。况且中正之设，其所论唯在德行、重清议（《日知录》中有清议一篇，言之甚详），据行实以登下其品第，以是立名教之防，使知名勇功之士，不改有裂冠毁冕之为，如下列数事，可为例证：

1. 陈寿遭父丧，有疾，使婢丸药，客见之，乡里以为贬，坐是沈 [沉] 滞累年。

2. 阎缵父卒，继母不慈，缵恭事唯谨，而母疾之愈甚，乃诬缵盗父时金宝，讼于有司，遂被清议十余年。

3. 谢惠连爱幸郡吏杜德灵，居父忧，赠以五言诗十余首，坐废不豫荣伍。

4. 郗诜笃孝，以假葬违常，降品一等。（以上俱见《文献通考》）

以上所举事例，其惩劝之严如此。《文献通考》亦病其法太拘，其他类此事件，则不胜枚举。然如《晋书·孔愉传》载：

“愉为司徒长史，以平南将军温峤母亡，遭乱不葬，乃不过其品。及苏峻平，峤有重功，愉往石头，诣峤，峤执愉手而流涕曰：‘天下丧乱，忠孝遂废，能持古人之节，岁寒不凋者，唯君一人耳。’”

时人皆称峤居公，而重愉之守正。愉之执持，何尝有妨峤之宣力，而使名教之防更严，岂能谓为无益，若云其所谓名教，本不足存，此则又当别论，实不能以责当时之士。抑且考论辈行，使登用雁行有序，则足以息奔竞之风，原不可谓为毫无价值。故综论此制的优点有三：

1. 注重乡里的清议；

2. 铨定方法的详慎；

3. 吏部官人的便利。

但天下无永久不变之法，任何一种制度，当其初创时，尚能耳目一新，人人皆争相奋发；而行之既久，如不能随时修正，以合机会，即不免弊窦丛生，凡事如此，“九品中正制”自亦不能例外。当时有识之士，亦早有见及此。如李重说：“九品始于丧乱，军中之政，非经国不刊之法。病当时人物播迁，仕无常朝，人无定处，郎吏蓄于军府，豪右聚于都邑。欲除九品而开移徙，明贡举之法，不滥于境外。”卫瓘亦欲“荡除末法，一拟古制。以土断定，自公卿以下，皆以所居为正，无复悬客，远属异土，使举善进才，各由乡论”。然人士流移，非一朝可复；而吴平未几，五胡之乱又起，南北隔越，侨置之州郡县遂多，土断之法，终两晋、南北朝之世，未能尽行；此则“九品中正制”相沿而不能废止的症结所在。最初创立此制的本旨，欲以息奔竞之风，而奔竞更甚，终致“上品无寒门，下品无世族”。中正的流弊，以此为最深。《宋书·恩幸传》论其事说：

“汉末丧乱，魏武始基，军事仓卒，权立九品，盖以论人才优劣，非为世族高卑。因此相沿，遂为成法，自魏至晋，莫之能改。州都、郡正，以才品人，而举世人才，升降盖寡，徒以冯藉[凭借]世资，用相陵[凌]驾。都、正俗士，斟酌时宜，品目少多，随事俯仰。刘毅所云‘下品无高门，上品无贱族’者也。岁月迁讹，斯风渐笃。凡厥衣冠，莫非二品。自此以还，遂成卑庶。”

可见其法立而弊即生，且降而更甚了。中正之设，原欲以息奔竞，然刘毅讥其“随世兴衰，不顾才实，衰则削下，兴则扶上”。段灼亦说：“据上品者，非公侯之子孙，则当涂之昆弟。”是更外加重其奔竞可知。《魏书·世宗纪》载正始二年诏说：“中正所铨，惟在门第。”亦可见当时南北如出一辙的事实。但《孙绍传》说：“中正责望于乡里，主案舞笔于上台，真伪混淆，知而不纠。”则并辨别姓族也有所不能，证之晋武帝咸宁二年（276年），尝诏诸郡中正以六条举淹滞的立法本意，正与后来所行相反了。故此制就其本身而言，在实施方面，亦不免有下列种种弊端：

1. 此制在当时立法的本意，原为曹魏时代的人才，蓄于国都军府而定的补救办法；但各州大中正为中央官的兼职，一般士庶求出身的，皆须奔集中央，专候品第，不能返回乡里，致失时机。

2. 此制初意，本欲使官人之权不操在下面；但各郡中正皆操管辖区域所有人物的品状。“品”是在籍的履行，“状”是居官的才能和绩效。这样一来，郡中正可一手包办士庶已仕未仕的品级，其结果转使在下面的小中正持有官人进退的权柄。

3. 居官的才能和绩效，州郡中正势不能一一地亲自考查，仅凭手下人的陈报，又何足为凭？而况士子的才能是内蕴的，如不能遇有一显身手的机会，则虽有高中异能之士，而屈居贫贱的地位，又从何有所表现呢？

4. 此制对于士子，仅凭其在籍的履行和在官的绩效，而学术方面，概置之不闻不问；则世家大族的白丁，也将较寒门的鸿儒易于获得进身之阶了。

5. 州郡中正以一人的耳目，网罗全境的人才，以为品第，事实上不得不凭其门第，兼采虚誉，以资铨衡，即欲以大公至正的居心，来处理数目众多而情形异常复杂的人事问题，畸轻畸重，恐亦有难期周密之憾了。

以上就此制本身在实施方面，已不免有种种弊端，更何况为中正者又或快意恩仇（《晋书·何会传》：曾子劭薨，子岐嗣。劭初亡，袁粲吊岐，岐辞以疾，粲独哭而出，曰："今年决下婢子品。"王铨谓之曰："知死吊死，何必见生？岐前多罪，尔时不下，何公新亡，便下岐品，人谓中正畏强易弱。"粲乃止。使如粲意行之，则诚所谓衰则削下，兴则扶上者矣），受纳货贿（《魏书·李灵传》：李宣茂兼定州大中正，坐受乡人财货，为御史所劾，除名为民。又阳尼，出为幽州平北府长史，带渔阳太守，未拜，坐为中正时受乡人财货免官），结交朋党（刘毅言："前九品诏书，善恶必书，以为褒贬。当时天下，少有所忌。今之九品，所下不彰其罪，所上不列其善，废褒贬之义，任爱憎之断，清浊同流，以植其私。故反违前品，大其形势，以驱动众人，使必归己。天下安得不懈德行而锐人事？"

按，卫瓘亦言："魏立九品之制，其始造也，乡邑清议，不拘爵位，褒贬所加，足为劝励，犹有乡论余风。中间渐染，遂计资定品。使天下观望，唯以居位为贵。"是中正之初，尝有激扬之效，而后乃至于败坏也。然其败坏亦可谓速矣），人选日轻（《晋书·李含传》：陇西狄道人，侨居始平。司徒选含领始平中正。据傅咸表，含自以陇西人，虽户属始平，非所综悉，反复言辞，是中正必以当地人为之也。《刘毅传》：司徒举毅为青州大中正，尚书以毅县车致仕，不宜劳以碎务。……孙尹表言："臣州茂德唯毅，越毅不用，则清谈倒错矣。"《何充传》：领州大中正，以州有先达宿德，固让不拜。是中正必以耆德为之也。然《魏书·文苑传》：聿修年十八而领本州中正，则几于乳臭矣。又思幸，如王仲兴、茹皓、赵邕、侯刚、刚子详，奄官如平季、封津，皆为中正，则正人君子，必羞与为伍矣。仲兴世居赵郡，自以寒微，云旧出京兆霸城县，故为雍州大中正。皓旧吴人，父家居淮阳，上党，既宦达，自云本出雁门，雁门人谄皓者，因荐皓于司徒，请为肆州大中正。则并籍贯而不能理矣），于是正论湮，而怨讼敌仇之事且因之而起（《晋书·王戎传》：孙秀为琅邪［玡］郡吏，求品于乡议。戎从弟衍将不许，戎劝品之。及秀得志，朝士有宿怨者皆被诛，而戎、衍获济焉。刘毅论九品之弊曰："自王公以至于庶人，无不加法，置中正委以一国之事，无赏罚之防。人心多故，清平者寡，故怨讼者众。听之则告讦无已，禁绝则侵枉无极。与其理讼之烦，犹愈侵枉之害。今禁讼诉，则杜一国之口，培一人之势，使得纵横，无所顾惮。"此已为非体，然能禁其讼诉，而不能禁其私相仇。故毅又谓其"恨结于亲亲，猜生于骨肉，常身困于敌仇，子孙罹其殃咎也"），以又行法者玩弄权势致发生的流弊，不一而足。

总之，此制最初立法的本意，原不过一时权宜之计，但因施行时间一久，大小中正品评人物时，就不免瞻徇私情，爱憎由己，以致为豪门贵族所把持，不复以品德常识为标准，只以门阀势力的大小为高低了。当时刘毅上疏（《通典·选举典》：晋武帝时，刘毅上疏曰："夫九品有八损，而官才有三难，皆兴替之所由也。人物难知，一也；爱憎难防，二也；情伪难明，三也。今之中正定九品，高下任意，荣辱在手，操人主威福，夺天朝权势。爱恶随心，情伪由己。上品无寒门，下品无世族。公无考校之负，私无告诉之忌。损政之道一也。置中正者，本取州郡清议，咸所归服，将以镇异同，一言议。不谓一人之身，了一州之才，一人不审，遂为坐废。……使是非之论，横于州里；嫌隙之仇，结于大臣。损政之道二也……今之中正坐徇其私，推贵异之器，使在九品之下；负戴不肖，越在成人之首。损政之道三也……凡官不同事，人不同能，今九品不状才能之所宜，而以九等为例。以品取人，或非才能之所长；以状取人，则为本品之所限；若状得其实，犹品状相妨，况不实者乎？损政之道七也……今之九品，所下不彰其罪，所上不列共善，废褒贬之义，任爱憎之断，天下之人，焉得不懈于德行而锐于人事乎？损政之道八也。职名中正，实为奸府；事名九品，而有八损。臣以为宜罢中正，除九品，弃魏氏之弊法，立一代之美制。"）所言九品有八损，而官才有三难之说，对于此制的缺点，真是说得淋漓尽致、体无完肤。在此种"上品无寒门，下品无世族"的畸形政治制度之下，以致形成魏晋南北朝的门阀政治（钱穆《国史大纲》："九品中正制"已为门第势力安置一重政治上外在的护符。晋室东迁，中原衣冠，追随南渡者，依借勤王之美名，又在政治上自占地步。故当时有侨姓吴姓之别。过江者为侨姓，以王、谢、袁、萧为大，东南则为吴姓，以朱、张、顾、陆为大，吴姓不如侨姓。东南本为胜国，自不敢比望中原。南士无仆射，多历年所。齐孝武帝欲以张绪为右仆射，以问王俭，俭曰："绪少有清望，诚美选；然南士由来少居此职。"乃止。褚彦回曰："江右用陆玩、顾和，皆南人也。"俭曰："晋氏衰政，不可为则。"而侨姓中又分早晚渡江之不同。如杜骥兄坦告宋文帝："臣本中华高族，亡高祖因晋氏丧乱，播迁凉土，直以南渡不早，便以荒伧赐隔。"中央政府本属虚置，只得对之优借。故甲族以二十登仕，后门以过立试吏，见《梁书·高帝纪》。宋、齐以来，甲族起家即为秘书郎，见《南史·张缵传》。帝王偶尔破格用人，便足自傲。如梁武帝以张率为秘书丞，谓曰："秘书丞，天下清官，东南望胄未有为之者；今以相处，为卿定名誉。"这都是当时政治上的不成文法，为故家世族拥护权益）。中正制度助长门第，门第拥护中正制度，这便是权贵阶级与势族高门，为巩固自己的地位，互相勾结，包围天子，岂肯使天子废除此制？此实为中正制度积弊而不能更张的主要原因。因是人才无由上进，国家政治又怎么能纳入正轨？所以魏晋南北朝时期的社会，也就集"贫""弱""愚""乱"的大成了。

附　录

关于九品中正制的弊端，马端临氏论之甚详，兹附录之，以备参考。

"按魏晋以来，虽立九品中正之法；然仕进之门，则与两汉一而已。或公府辟召，或郡国荐举，或由曹掾积累而升，或由世胄承袭而用，大率不外此三四涂辙。然诸贤之说，多欲废九品、罢中正，何也？盖乡举里选者，采毁誉于众多之论；而九品中正者，寄雌黄于一人之口。且两汉如公府辟掾属，州郡选曹僚，皆自荐举而自试用之，若非其人，则非特累衡鉴之明，抑且失恃毗之助，故终不敢十分徇其私心。至中正之法行，则评论者自是一人，擢用者自是一人。评论所不许，则司擢用者不改违其言；擢用或非其人，则司评论者本不任其咎。体统脉络，各不相关，故徇私之弊，无由惩革。又必限以九品，专以一人，其法太拘，其意太狭，其迹太露，故趋势者不暇举贤，如刘毅所谓上品无寒门，下品无世族是也。畏祸者不敢疾恶，如孙秀为琅琊[玡]郡吏，求品于清议王戎从弟衍，衍将不许，戎劝品之。及秀得志，朝士有怨者皆被害，戎、衍独免是也。快恩仇者，得以自恣。如何劭初亡，袁粲吊劭子岐，岐辞以疾。粲曰‘今年决下婢子品’是也。又如陈寿遭父丧，有疾，使婢丸药，客见之，乡里以为贬，坐是沈[沉]滞累年。谢惠连爱幸会稽郡吏杜德灵，及居父忧，赠以五言诗十余首，坐废，不豫荣伍。尚书仆射殷景仁爱其才，乃白文帝，言：‘臣小儿时，便见此文，而论者云是惠连，其实非也。’文帝曰：‘若此便应通之。’元嘉七年，乃始为彭城王义康参军。阎缵父卒，继母不慈，缵恭事弥谨，而母疾之愈甚，乃诬缵盗父时金宝，讼于有司，遂被清议十余年，缵孝谨不怠，母后意解，更移中正，乃得复品。以此三事观之，其法甚严，然亦太拘。盖人之履行稍亏者，一入品目，遂永不可以拔拭湔涤，则天下无全人矣。况中正所品者，未必皆当乎？固不若采之于无心之乡评，以询其履行；试之以可见之职业，而验其才能，一如两汉之法也。”

第二节 魏晋南北朝的诸科策士

自曹魏建立“九品中正制”以后，历经两晋南北朝，以迄隋初，其取士之制，虽其间未废察举，亦未尝无考试，但时停时举，兴废无常，唯秀孝一科，粗有可记。兹分别略述如下：

第一目 秀孝科

秀、孝为州都常举，后汉时因避光武帝的名讳，改“秀才”为“茂才”，曹魏时复称“秀才”，晋和南北朝亦都沿袭汉代的制度。

一、魏

初制一郡人口在十万以上的，岁察“孝廉”一人；其有秀异人才的地方，则不拘户口老幼（魏文帝黄初二年三年诏）。又郡国贤士，亦以经学为先（魏明帝太和二年诏）。江左以丹阳、吴会、会稽、吴兴并大郡，岁各举二人（《宋书·百官志》）。

二、晋

《文献通考》马端临氏载：“汉武帝之于董仲舒也，意有未尽，则再策之，三策之；晋武帝之于挚虞、阮种也亦然。”此论虽指“贤良”，但《晋书·王接传》载：“永宁初举秀才，友人遗接书劝无行，接报书曰：‘今世道交丧，将遂剥乱，而识智之士，钳口韬笔。非荣斯行，欲极陈所见，冀有觉悟耳。’是岁，三王义举，惠帝复阼，以国有大庆，天下秀才孝廉，一皆不试，接以为恨。”是凡对策者皆可极陈所见，实为谋国求治之要图；无如上下相蒙，姑息具文，由来已久，宜乎皆欲侥幸于不试了。东晋元帝制，扬州岁举二人，诸州各一人（《文献通考》选举一）。当时策试之法，时有兴替。《晋书·孔坦传》载：“先是以兵乱之后，务存慰悦，远方秀、孝，到不策试，普皆除署。至是帝（元帝）申明旧制，皆令试经。有不中科，刺史、太守免官。太兴三年（320年），秀、孝多不敢行，其有到者并托疾。帝欲除署孝廉，而秀才如前制。坦奏议曰：‘古者且耕且学，三年而通一经。以平康之世，犹假渐渍，积以日月。自丧乱以来，十有余年，干戈载扬。俎豆礼戢，家废讲诵，国阙庠序，率尔责试，窃以为疑。然宣下以来，涉历三载。累遇庆会，遂未一试。扬州诸郡，接近京都，惧累及君父，多不敢行。远州边郡，掩诬朝廷，冀于不试，冒昧来赴。既到审试，遂不敢会。臣愚以为不会与不行，其为阙也同。若当遍加除署，是为肃法奉宪者失分，侥幸投射者得官。……王命无贰，宪制宜信。去年察举，一皆策试。如不能试，可不拘到，遣归不署。又秀才虽以事策，亦汜问经义。苟所未学，实难暗通。不足复曲碎垂例，违旧造异。谓宜因不会，徐更革制。可申明前下，崇修学校，普延五年，以展讲习……’帝纳焉。听孝廉申至七年，而秀才如故。”据此以观，申明试经的旧制，事在晋元帝建武、大兴之间。但观孔坦所说，则知秀才策试，亦已兼用经义，而孝廉亦所当然。如《晋书·魏舒传》：“年四十余，察孝廉。宗党以舒无学业，劝令不就，可以为高。

舒不听，自谓百日习一经，对策升第。”其所试者，盖全为经生之业矣。又石勒载记言：勒立秀孝试经之制，必有所受之也。但《抱朴子》《审举》篇说：“江表虽远，密迩海隅，然染道化，率礼教，亦既千余载矣。往虽暂隔，不盈百年，而儒学之事，亦未偏废。昔吴土初附，其贡士见偃以不试。今太平已近四十年矣，犹复不试，所以使东南儒业，衰于在昔也。”自吴之亡（晋武帝太康元年），至太兴三年，凡四十年，葛氏此篇，当即作于建武、太兴之间。于此亦可见北方秀、孝之试，自八王构乱而旷绝，甫渡之初，亦未尝考试。后来试法虽复，然亦有名无实。如《晋书·五行志》:“成帝咸和六年（331年），正月，丁巳，会州郡秀、孝于乐贤堂，有麇见于前，获之。……自丧乱以后，风教陵夷，秀、孝策试，乏四科之实。麇兴于前，或斯故乎？”即可为确切的证明。又《宋书·武帝纪》:“义熙七年（411年），先是诸州郡所遣秀才、孝廉，多非其人，公表天子，申明旧制，依旧策试。”则晋末祸乱相仍，又尝旷绝可知了。

三、南朝

（一）宋

丹阳、吴会、会稽、吴兴四郡岁举二人，余郡各一人。凡州秀才、郡孝廉至皆策试，天子或亲临之。及公卿所举皆属于吏部，序才铨用。凡举得失，各有赏罚，失者其人加禁锢，年月多少，随郡议制（《文献通考》选举一）。

（二）齐

尚书都令史骆宰议策秀才格，五问并得为上，四三为中，二为下，一不合与第。诏从宰议。因习宋代限年之制，然而乡举里选，不核才德，其所进取，以官婚胄籍为先，遂令甲族

（甲族即世家贵族。《南史》："秘书郎四员，宋、齐以来，为甲族起家之选。"）以二十登仕，后门（即寒门）以三十试吏，故有增年矫貌以图进者。其时士人皆厚结姻缘，奔驰造请，寖以成俗（《文献通考》选举一）。

（三）梁

梁初，无中正制，年二十五方得入仕。武帝天监中，又制九流常选，年未三十不通一经者不得为官；若有才同甘颜，勿限年次。至七年（508年），州置州重，郡置郡崇，乡置乡豪各一人，专典搜荐，无复膏粱寒素之隔。普通七年（526年）诏："凡州岁举二人，大郡一人。"武帝天监八年（509年）诏："不拘寒品，随才试吏。"

敬帝太平二年（557年），复令诸州各置中正，仍旧选举，皆须中正押上，然后量授，不然则否（《文献通考》选举一）。

（四）陈

陈依梁制，凡年未三十，不得入仕。唯经学生策试得第、诸州迎主簿西曹左奏及尝为挽郎，得未壮而仕（《文献通考》选举一）。宣帝太建四年（572年）诏："举贤良，随才明试。"

四、北朝

（一）北魏

州郡营有中正掌选举，每以季月与吏部铨择可否，其秀才对策、第居中上，表叙之。韩麒麟子显宗上言："前代取士，必先正名，故有贤良方正之称。今州郡贡察，徒有秀、孝之名，而无秀、孝之实，而朝廷但检其有门地，不复弹坐，如此则可别贡门地；以叙士人，何假置秀、孝之名？或云代无奇才，不若取士于门，此亦失矣。岂可以代无周召，便废宰相而不置哉？但当较其寸长铢重者，即先叙之，则贤才无遗矣。"

(《文献通考》选举一)

孝文帝太和十六年(491年)诏:"兼行考试,临殿策问。"

(二)北齐

选举多沿后魏之制,凡州县皆置中正,其课试之法,中书策秀才,集书策贡士,考功郎中策廉良,天子常服乘舆,出坐于朝堂中楹,秀、孝各以班草对。字有脱误者,呼起立席后;书有滥劣者,饮墨水一升;文理孟浪者,夺席脱容刀(《文献通考》选举一)。

(三)北周

武帝既平齐,广收遗佚,乃诏山东诸州举明经干理者,上县六人,中县五人,下县四人。

宣帝大成元年(579年),诏州举高才博学为"秀才",郡举经明行修者为"孝廉",上州上郡岁一人(《文献通考》选举一)。

"孝廉"之举,本重行实,魏、晋以后,仍有此意。《宋书·孝义传》:"吴兴太守王韶之发教谓:'孝廉之选,必审其人。虽四科难该,文质寡备,必能孝义迈俗,拔萃著闻者。'乃察潘综,吴逵为孝廉,并列上州台,陈其行迹,则其事矣。韶之初擢逵补功曹史,逵以门寒,固辞不受,乃举为孝廉。"又"郭世道(会稽永兴人),太守孟顗察孝廉,其子原平,太守王僧朗察孝廉,皆不就;太守蔡兴宗,又欲举原平次息为望孝,与会土高门相敌"。则孝廉之选,亦颇有不拘门第的事实,故史家谓:"汉世士务治身,忠孝成俗,至于乘轩服冕,非此莫由。晋、宋以来,风衰义缺,刻身厉行,事薄膏腴,孝立闺庭,忠被史策,多发沟畎之中,非出衣簪之下。"这一论断,实系因果倒置,因当时膏腴之士,别有出身,不借行誉,故孝义能于获举的，则偏在穷檐之士了。自序谓："沈邵为安成相，郡民王孚，有学业志行，见称州里，邵莅任未几而孚卒，邵赠以孝廉。"亦可谓能尽奖劝之道。但《宋书·袁粲传》谓："粲坐纳山阴民丁彖文货，举为会稽郡孝廉免官。"又《梁书·文学传》："高爽，齐、永明中赠王俭诗，为所赏；及领丹阳尹，举爽孝廉。"则借贿赂、交游而获举的，亦在所不免。故北魏韩麒麟尝以州郡贡察，但检门望为病，而当时能拔忠孝于沟畎之中，究亦罕有的事实了。

以上所述，为魏晋南北朝以诸科策士的大概情形；但当时"历承离乱，衣冠殄尽，寇贼未宁，既日不暇给，弗遑劝课"（《陈书·儒林传》序）；"诸州秀才，闻当考试，皆惮不行"（《晋书·甘卓传》）；"其有到者，并托疾至欲下崇修学校，普延五年，以展讲习。"（《晋书·孔坦传》）既无发展考试的环境，故中正制得以乘时盛行，粗具一时选用之规；及其末流所趋，"务依党利，随爱憎，以致上品无寒门，下品无世族"；于是其弊益彰，而选政自上而下之法始穷，穷则变，变则通，到了隋唐时代，考试独立的运会，即不期然而然地形成了。

第二目　特诏选举

特诏选举，在晋初最为盛行《晋书·武帝纪》：泰始四年（268年）十一月，诏王公卿尹及郡国守相，举"贤良方正直言之士"。五年（269年）十二月，诏州郡举"勇猛秀异之才"（《晋书·马隆传》："泰始中，将兴伐吴之役，下诏曰：'吴会未平，宜得猛士，以济武功。虽旧有荐举之法，未足以尽殊才。其普告州郡：有壮勇秀异，才力杰出者，皆以名闻。将简其尤异，擢而用之。苟有其人，勿限所取。’兖州举隆才堪良将。”此即《晋书·武帝纪》所载五年十二月之诏）。七年（271年）六月，诏公卿以下举“将帅”各一人。八年（272年）二月，诏内外群官举“任边郡者”各三人。太康九年（288年）五月，诏内外群官举“守、令之才”。

其次如《晋书·成帝纪》：成和六年（331年）三月，诏举“贤良直言之士”。十一月。诏举“贤良”。八年（333年）正月，今诸群举“力能举千五百斤以上者”。此后历代虽间有特诏，亦甚少见了。当时举才的方法，照《晋书·王衍传》载：“泰始八年，诏举奇才可以安边者。衍初好论纵横之术，故尚书卢钦举为辽东太守，不就。”观此则不但举其所知，并且指定其所宜任的职务，诚得举才之道，惜乎后世对于此等举措，不甚常见。其以“至孝”等实行获举的人士，则多见孝义等传中。此则属于风励之意多，而求才之意转少。北朝亦会举行“特诏选举”，如魏孝文帝太和十九年（495年）十月，尝诏州郡：“诸有士庶，经行修敏，文思遒逸，才长吏治，堪干政事者，以时发遣。”此皆出于常举以外的一种选拔制度。

第三节　魏晋南北朝的学校

第一目　魏晋的学校

汉代学校教育，原甚发达，到了东汉末年，国家多故，逐渐废弛。至汉献帝建安八年（203年），曹操秉柄，始渐次发展教育。《三国志·魏武帝本纪》载：

“建安八年七月，令曰：‘丧乱以来，十有五年，后生不见仁义礼让之风，吾甚伤之！其令郡国各修文学，县满五百户置校官……庶几先王之道不废，而有益于天下。’”

又《三国志·高柔传》载：“柔上疏言，太祖初兴，在于丧乱之际，并使郡县立教学之官。”这就是指同一类的事件。

曹丕篡汉，在魏黄初元年（220年），“始扫除太学之灰炭，补养石碑之缺坏，备博士之员录，依汉甲乙以考课。”（《文献通考》学校考二）到了黄初五年（224年），立太学，制五经课试之法，置春秋谷梁博士。时慕学者始诣太学为门人，满二岁试通一经者称弟子，不通一经者罢遣（选举补官，并如后汉建和之制）。当时学者如杜琼治《韩诗》，许慈治《毛诗》《三礼》，胡潜治《丧服》，孟光通《公羊春秋》，来敏、尹敏通《左传》，尚守汉人的经训；并布告所辖的州郡，令有志求学的士子都来入学。其后明帝、高贵乡公亦都相当注意太学。但鱼豢《魏略》载：

“中外多事，人怀避就，虽性非好学，多求诣太学，太学诸生有千数；而诸博士率皆粗疏，无以教弟子，弟子本亦避役，竟无能习学。冬去春来，岁岁如是。”

又《三国志·魏志·刘馥传》载：

“上疏曰：‘自黄初以来，崇立太学二十余年，而寡有成者，盖由博士选轻，诸生避役，高门子弟耻非其伦。故夫学者虽有其名而无其人，虽设其教而无其功。’”

由此可见当时太学尽管开设，学生也有千人以上，而内容空疏，有名无实，所谓太学，不过掩人耳目的一种装饰品罢了。东吴只是有学官而无学校；西蜀则国小民贫，年年用兵，更谈不上学校的改置。以上是三国时代的太学情形。

到了晋武帝统一全国以后，承曹魏太学的旧制，稍加扩充。《宋书·礼志》载：

“泰始八年（272年），有司奏太学生七千余人，才任四品者听留。诏曰已试经者留之，余遣还郡国。大臣子弟堪受教者命入学。”

这是晋初的一次淘汰，因为魏代的太学生多非就学，而是避役，所以有这一次的修改。晋代的国子学，到了武帝咸宁二年（276年，《晋书·职官志》作咸宁四年）正式成立，定置国子祭酒及国子博士各一人，助教十五人，以教生徒。至太康五年（284年），作明堂、辟雍及灵台（明堂，明政教之堂也。古祀上帝，祭先祖，朝诸侯，养老尊贤。凡关于大典礼者，皆于此行之，自上古迄唐宋，其制各异。阮元曰：“明堂者，古者天子宫室之初名，其后宫室之制既备，而礼不忘本，别于近郊东南建之，以存其旧而已。”据《礼》《明堂位》篇之说，则为坛于广场中，设斧扆为天子之位，外建四门。周初朝诸侯于明堂之位，其制如此。据月《令篇》之说，则中建太室，四方建青阳、明堂、总章、玄堂各三室。明堂专指南面之堂而言，谓其通达向明，天子夏则居之。中一室为太庙，两旁则谓之左右是也。据《考工记》之说，则明堂平列五室，即古寝庙之制，据大戴《礼记》之说，谓“明堂九室，三十六户，七十二牖，以茅盖屋，上圆下方，外环以水曰辟雍，即古之太学也”。辟雍，天子所设之大学也。形圆而四面以水环之。《礼记》:“大学在郊，天子曰辟雍，诸侯曰泮宫。”按周五大学：南为成均，北为上庠，东为东序，西为瞽宗，中则辟雍也。与辟雝、辟廱、璧廱并同。灵台，望气之台也。《诗·大雅》有《灵台》篇。郑《笺》云：天子有灵台者，所以观祲象，察气之妖祥也）。当时太学生的人数仍然不少，而出身的品类不齐（品类不齐有二说：（1）因当时阶级观念甚深，即士族与庶民；（2）真正学子与假冒读书者）。晋代是一种世族政治，国子学中有三千学生，自然不全出于高门，因此在晋惠帝元康三年（293年），又再定必须官品在五品以上的子弟，方得入学（《南齐书·礼志》）。自怀、愍被虏，中原板荡，于是太学也就无形停闭了（《文献通考》："戴邈上言：'丧乱以来，庠序隳废。'马端临曰：'自永嘉之乱，庠序无闻。及坚之僭，颇留心儒学。'"）。东晋建国江左，中州士大夫不堪胡马的蹂躏，纷纷南徙避乱，这一班知识分子怀着中原旧有的文物礼器以俱来，于是江左也修建太学；但因君权薄弱，内乱时起，学校受政潮的影响，因而时兴时废，毫无成效之可言。晋元帝建武元年（317年），新立太学（《晋书·王导传》及《宋书·礼志》）。当时所立的博士，照《宋书·礼志》载：

"太常博士，东京凡十四人。《易》：施、孟、梁邱、京氏。《尚书》：欧阳、大小夏侯。《诗》：齐、鲁、韩。《礼》：大小戴。《春秋》：严、颜各一博士。而聪明有威重者为祭酒。魏及西晋朝置十九人，江左初减为九人，皆不加韦何经。元帝末，增仪礼、春秋公羊博士各一人，合为十一人，后又增为十六人，不复分掌五经，而谓之太学博士也。"

从此博士数目便由九人改为十一人。至于从十一人改为十六人，则在大兴二年（《元帝本纪》），但当时因为王敦构乱（王敦，晋人，导之从兄，字处仲，元帝即位于建康，以敦总征讨之事，为镇东大将军，恃功专权，帝欲裁抑之，遂据武昌反，进至石头城，帝以敦为丞相，仍还武昌。明帝时谋篡益亟，又举兵反，旋以病死)，致教学多未施行。如《晋书·儒林传》所载：元帝虽尊儒劝学，亟降纶言，而东序西校，未闻弦诵。即可得到证明了。一直到成帝咸康三年（337年）正月，才修立太学。《文献通考》学校考二载：

“成帝咸康三年，国子祭酒袁瓌、太常冯怀以江左浸安，请兴学校，帝从之，乃立太学，征生徒，而士大夫习尚老庄，儒术终不振。”

孝武帝太元九年（384年)，尚书谢石疏奏：“大晋受命，值世多阻，虽圣化日融，而王道未备。庠序之业，或废或兴，遂令陶铸阙日用之功，民性靡素丝之益。”又国子祭酒殷茂亦奏谓：“自大晋中兴，肇基江左，崇明学校，修建庠序，公卿子弟，并入国学。寻值多故，训业不终。陛下以圣德宏一，思隆前美……兴复儒肆，佥与后生。自学建弥年，而功无可名，惮业避役，就存者无几，或假托亲疾，真伪难知，声实浑乱，莫此为甚。”(均见《宋书·礼志》)

以上是魏晋时代太学的大概情形。至于地方教育，那更无可观了。曹魏和西晋立国短促，州郡学校大多在平靖时则开设，在变乱时则停闭。东晋的年代较长，中枢虽屡经政变，大权则在地方，所以地方教育，往往由封疆大吏私自提倡(《宋书·礼志》:“晋穆帝永和中，征西将军庾亮在武昌开置学宫。”)，全国颇不一致，也没有统一的或长久的计划。总括说起来，自曹丕篡汉，到东晋灭亡，将近二百年（220年至419年)，在这时期当中，学校教育虽不能说是完全停止，也可以说是在若有若无和时兴时废的状况之下度过去了。

第二目　南北朝的学校

一、南朝学校

南朝以干戈扰攘，祸乱相寻，教育事业的不发达，和魏、晋时代的情形相似。兹略述其概况如下：

（一）宋

《宋书·礼志》载："宋高祖（武帝）受命，诏有司立学，未就而崩。太祖（文帝）元嘉二十年（443年），复立国学，二十七年废。"又《雷次宗传》载："元嘉十五年，征次宗至京师，开馆于鸡笼山，聚徒教授，置生百余人。会稽朱膺之、颍川庾蔚之，并以儒学监总诸生。时国子学未立，上留心艺术，使丹阳尹何尚之立玄学，太子率更令何承天立史学，司徒参军谢元立文学，凡四学并建，车驾数幸次宗学馆，资给甚厚。"此事《南史》入本纪，系元嘉十六年（439年）。（司马氏曰："易曰：'君子多识前言往行，以畜其德。'孔子曰：'辞达而已矣。'然则史者，儒之一端；文者，儒之余事；至于老庄虚无，固非所以为教也。夫学者所以求道，天下无二道，安有四学哉！"）

（二）齐

《齐书·礼志》载："建元四年（482年）正月，诏立国学（亦见《齐书·高祖本纪》。又《齐书·王逡之传》："国学久废，建元二年，逡之先上表立学，转国子博士。"《齐书·张绪传》："建元四年，立国子学，以绪为太常卿，领国子祭酒。"）。置学生百五十人。其有位乐入者五十人；生年十五以上，二十以还，取王公以下至三将、著作郎……诸州别驾、治中等见居官及罢散者子孙，悉取家去都二千里为限，太祖崩乃止。"（《齐书·武帝本纪》:“建元四年、九月、丁巳。以国哀故罢国子学。”又《齐书·百官志》:“其夏,国讳废举。”)武帝永明三年(485年),诏立学。初宋太宗置总明观以集学士,亦谓之东观。“上以国学既立,省总明观,召公卿以下子弟置生二百二十人,其年秋中悉集。”(《文献通考》学校考二)东昏侯永元初,诏依永明旧事废学,时有司奏国学太学两存焉(同上)。

(三)梁

照《隋书·百官志》《南史·儒林传》和《梁书·儒林传》的记载,梁武帝于天监年间,除于中央、地方建立国学以外,并开设五馆,每馆置五经博士一人,充任馆长,而以五经教授一人总其成。其所授课程不外五经之术、六艺之文。学生只问程度,不限资格,果具才能,虽寒门子弟皆有入馆求学的机会。生徒入馆求学以后,由馆供给膳宿。馆中亦有定期考试,其能射策通明经术的,即可委派一种官职。五馆既不限资格,又不限名额,所以四方学子负笈求学的非常踊跃,每馆学生皆多至数百人。武帝自建国学开五馆以后,尝仿照三代视学之礼,亲临省视,一则祭奠先师,一则奖励勤劳,并且分遣博士祭酒到各州郡去立学。这样积极提倡,不遗余力,不但学校发达为南渡以来诸朝之冠;即讲诵经学的风气,也是盛极一时,当时北方学者闻风而至的亦复不少。

《廿二史札记》载:

“(南朝经学)其时自北来者,崔君恩、宋怀方、戚衮外,尚有孙祥、蒋显等,并讲学,而音辞鄙拙;唯卢广言论清雅,不类北人。是可见梁武之世,不特江左诸儒崇习经学,而北人之深于经学者,亦闻风而来,此南朝经学之极盛也。”

此外梁代经学的昌明,还能远及国外。如《陈书·儒林陆诩传》:“梁世百济国表求讲礼传士，诏令诩行。还除给事中。”这足以表现梁代不仅昌明本国的文教，而且对于朝鲜半岛的文教，有积极的贡献了。

可惜武帝晚年迷于佛教，置其他经术于不顾，而学校由此渐衰，及至侯景乱作，也就无形停闭了。胡致堂氏说：“史称武帝雅好儒术……可谓勤矣。然儒风不振，人才不出，何也？帝心尚佛，自天监改元，即不肉食，此躬行也。故特以美行兴学养士，故人不从其令而从其意，意乃身率，令乃文具，共后纲维不立，人纪胥废，国破身陨，为万世笑，盖始于此。人主心术所尚，可不慎哉！”(《文献通考》学校考二）这一段话可算批评得很确当了。

（四）陈

陈代地域较梁代为小，而且当大乱之后，成效亦不及梁。《陈书·儒林传》:“高祖承前代离乱，日不暇给，弗遑劝课。世祖以降，称置学官。虽博延生徒，成业盖寡。”《陈书·沈不害传》:“（文帝）天嘉初，除衡阳王府记室参军，兼嘉德殿学士。自梁季丧乱，至是国学未立。不害上书言：‘宜建立庠序，选公卿门子，皆入于学。’诏付外群议，依事施行。陈世兴学，不害盖有力焉。”其后宣帝太建三年（571年)，后主至德三年（585年)，皇太子皆释奠（释奠：置爵于神前而祭也。《礼记》:“凡学，春夏释奠于其先师，秋冬亦如之。凡始立学者，必释奠于先圣先师。”）太学，但未闻经学博士分经讲授，开务成业，也不过是一种形式罢了。

至于五胡，日在纷乱之中，其能保存经学文艺最有功的，当推前汉张氏。(《晋书·张轨传》:“轨征九郡胄子五百人，立学校。始置崇文祭酒，位视别驾，春秋行乡射之礼”。）其他如前秦苻坚讲礼兴学（《晋书·苻坚传》载记："坚立学校。"又载："坚广修学宫，召郡国学生通一经以上充之。公卿以下子孙，并遣受业。坚亲临太学，考学生经义优劣，品而第之。问难五经，博士多不能对。坚谓博士王寔曰：'朕一月三临太学，黜陟幽明，躬亲奖励，罔敢倦违，庶几周、孔微言，不由朕而坠。汉之二武，其可追乎？'自是每月一临太学，诸生竞劝焉"），姚秦（《晋书·姚苌传》载记："苌立太学，下书令留台、诸镇，各镇学官，勿有所废。考试优劣，随才擢叙。"《晋书·姚兴传》载记："兴立律学于长安"）和慕容燕（《晋书·慕容德传》载记："建立学官：简公卿以下子弟及二品士门二百人为太学生。德大集诸生，亲监策试。"）都是充分汉化的建国。甚至如刘曜（《晋书·刘曜传》载记："曜立太学于长乐宫东，小学于未央宫西。简百姓年二十五以下，十三以上，神志可教者千五百人。选朝贤，宿儒明经笃学以教之。以中书监刘均领国子祭酒，置崇文祭酒，秩次国子。散骑侍郎董景道以明经擢为崇文祭酒。曜临太学，引赋学生之上第者，拜郎中。"）和石勒（《晋书·石勒传》载记："司、冀渐宁，人始租赋，立太学，简明经善书吏署为文学掾，选将佐豪右子弟三百人教之。增置宣文、宣教、崇儒、崇训十余小学于襄国四门，简将佐豪右子弟百余人教之"），也曾经注意儒学。兹为篇幅所限，姑不赘述。

二、北朝学校

北朝学校较南朝为发达：一则由于国君的积极提倡；一则由于时局比较安定。因南朝合共一百七十年（420年至588年），更姓四次，太平日少；而北朝自北魏道武帝开国以后，一直到分裂为东西魏的时候，统一了中国北方将近一百五十年之久（386年至534年），所以对于教育事业比较容易建立了。

（一）北魏

根据《魏书》和《北史·儒林传》的记载：当道武帝初定中原的时期，即积极提倡经学，在首都平城设立太学，置五经博士，充当教授，学生由千人增至三千人，这是北魏太学的创始。次年特改国子学为中书学，立教授博士。太武帝始光三年（426年），又于城东建立太学一所，令州郡选派才学之士，进京求学。当时北方多年来受着胡马的践踏，经术荒芜之余，经他们这样积极的提倡，于是“人多砥尚儒术，转兴文献”（《北史·儒林传》）了。到了献文帝的时候，乃规定州郡学校的制度，遍设乡学：每郡设乡学一所，每所有正教，有助教，多少不等，而正教以博士充任。凡大郡立博士二人，助教四人，学生一百人；次郡立博士二人，助教二人，学生八十人；中郡立博士一人，助教二人，学生六十人；下郡立博士一人，助教一人，学生四十人。孝文帝尤慕华风，迁都洛阳（494年）以后，事事都模仿汉人所为，变胡服而衣华装，断胡语而从正音，一切礼仪制度，无一不效法汉人。至于开设太学，讲论经术，尤为汉族文化的特色，他对于此种特色的文化，极力提倡，所以在洛阳除了设立国子太学，又于四门设立四门小学。自此以后，北方承平将近八十年，不仅国学、乡学都比较南朝为完备，私人讲学的风气也是盛极一时。《北史·儒林传》载：

“时天下承平，学业大盛，故燕、齐、赵、魏之间，横经著录，不可胜数，大者千余人，小者犹数百。州举茂异，郡举孝廉，对策王庭，每年愈众。”

可见北魏当时一面振兴教育，一面也举行察举了。这个时候，正当南明梁武帝提倡学校的时候，介于五六世纪之间。我们若是统观南北朝的教育，要算这个时期为最发达。但自北魏的领土分裂为东西魏以后，四方学校，残毁殆尽了。

（二）北齐

《隋书·百官志》："北齐国子寺：祭酒一人，领博士五人，助教十人，学生七十二人。大学：博士十人，助教二十人，大学生二百人。四门学：博士二十人，助教二十人，学生三百人。"但根据《北齐书》本纪所载"文宣帝天保元年（550年）八月，诏郡国修立黉序，国子学生，亦仰依旧铨补"和"孝昭帝皇建元年（560年）八月，诏国子寺可备立官属，依旧置生讲习经典，岁时考试。外州大学，亦仰典司勤加督课"以及《北史·儒林传》亦载"师、保、疑、丞，皆赏勋旧；国学博士，徒有虚名；唯国子一学，生徒数十人耳"，则北齐兴学的法令已多成具文了。

（三）北周

北周虽僻在西方，而对于儒术，非常尊崇，故对于学校方面，尚能认真办理，并非奉行故事。如《北周书·李昶传》："昶初谒太祖，太祖深奇之。厚加资给，令入太学。太祖每见学生，必问才行于昶。"足见其对于教育，已颇留意。武帝保定二年（562年），"幸学，以于谨为三老（三老，乡官掌教化者也。《汉书》："十亭一乡，乡有三老。"三老本秦制，汉初乡三老外，并置县三老）而问焉"。天和二年（567年）七月，"立露门学，置生七十二人"。（均见《北周书·武帝本纪》）静帝大象二年（580年），亦幸学释奠（《北周书·静帝本纪》）。又《隋书·辛公义传》："周天和中，选良家子任太学生，以勤苦著称。武帝时，召入露门学，每月集御前，令与大儒讲论，时辈慕之。"《豆卢绩传》:"绩在明帝时，为左武伯中大夫，自以经业未通，请解职游露门学，帝嘉之，敕以本官就学。"都可以证明其重视教育了。

综上所述，魏晋南北朝时期的学校，除宋、梁和北魏尚可称道外，其余各代都不甚发达，其原因除在政变以外，有下列三点:

1. 在当时长期的变乱中，政局不甚安定，政府不过以设立学校为装饰门面的工具，所聘教师大多粗疏，致办理教育方面，自不能臻于妥善。而地方纷乱，太学学生也多半为避乱或求免兵役而来，其目的本不在研究学术，自不能安心读书，往往冬来春去，学业则可说是有名无实罢了。

2. 学校内的课程，不外乎五经之术和六艺之文，这都是儒家应该研究的学问;但当时的学风，已布满了老、庄的气氛，士大夫既以研究老、庄为时髦，虽政府如何提倡经术，其效力亦很有限，况政府方面的人物并未具何种提倡的热心呢!(《文献通考》:"成帝咸康三年，立太学，征生徒。而士大夫习尚老、庄，儒术终不振。"《南史·儒林传》:"洎魏正始以后，更尚玄虚，公卿士庶，罕通经业。"《廿二史札记》:"是当时父兄师友之所请求，专推究老、庄，以为口舌之助，五经中唯崇易理，其他尽束阁也。")

3. 汉末以来，一般人对于经学业已荒怠，而趋向于文学方面。自曹魏父子(曹操及其子曹丕、曹植俱擅长文学)以君主而擅长文学，海内景从，以致历南北朝一直到隋代，此风未改。士大夫既习尚文学，故除去少数积学之士以外，一般士子已不复努力研求经学了(《文献通考》举士:"李谔以选才失中，上书曰:'自魏之三祖更尚文词，忽君人之大道，好雕虫之小技。下之从上，有同影响，竞骋浪华，遂成风俗。江左齐、梁，其弊弥甚……代俗以此相高，朝廷据兹擢士，利禄之路既开，爱尚之情弥笃。于是闾里童蒙，贵游总丱。未窥六经，先制五言，捐本逐末，流遍华壤'”）。至于学校内容，大概仿照两汉的旧制，并没有什么特殊创作（《魏略》：“黄初元年之后，新主乃扫除太学之灰炭，补旧石碑之缺坏，备学士之员录，依汉甲、乙以考课，申告州郡，有欲学者，皆遣诣太学，太学如开，有弟子数百人”）。不过当时有一件很值得注意的事情：晋武帝在太学之上，另立一种“国子学”，专以教养五品以上官员的子弟，在他以为仿周礼“国之贵游子弟受教于师氏”之意，而当时士庶阶级浓厚的观念，也就可以从此处看出来了。

第五章　隋唐的考试制度

第一节　隋唐的科举

上述魏晋南北朝时期由于实行九品中正制的结果，遂造成门阀政治，致使一般寒士很少有参加政治的机会，我们当然不能否认这是历史倒退的事实。到了苏绰辅佐后周的时候，才渐渐革除此种不合理的政治制度。《通典·选举典》载：

“（后周时，苏绰典选举）深思本始，惩魏、齐之失，罢门资之制。”

由于国家经过长期战乱之后，豪门贵族大多数已趋崩溃，而君主的力量渐渐伸张，所以苏绰才毅然决然地废止九品中正制了。

隋文帝开皇七年（587年）制：诸州岁贡三人，工商不得入仕。又《文献通考》载：

“杜正元，开皇举秀才试策高第时，海内唯正元一人举秀才，余常贡者随例铨注，讫正元独不得进止，曹司以策过杨素，素怒曰：‘周孔更生，尚不得为秀才，刺史何忽妄举此人？’素志在试退正元，乃手题使拟司马相如《上林赋》、王褒《圣主得贤臣颂》、班固《燕然山铭》、张载《剑阁铭》《白鹦鹉赋》曰：‘我不能为君住宿，可至未时令就。’正元及时并了，素大惊曰：‘诚好秀才。’其弟正藏亦举秀才，苏威监选，时射策甲第者合奏，曹司难为别奏，抑为甲科，正藏诉屈，威怒，改为丙第。正伦亦举秀才。隋世，天下举秀才不十人，而正元一门三秀才。”

按常贡者，不分优劣，随例铨注之人。举秀才者，乃文才杰出、对策高第之人。隋代虽有秀才之科，而上本无求才之意，下亦无能应诏之人。闲有一二，则反讶之甚至嫉之。杨素原属苛酷俗吏，宜其疾视如此，原无足怪；独苏威乃系儒者，亦复沮抑正藏，士生斯时，亦何其不幸呢？

当时治书侍御史李谔以选才失中，上书说：

“自魏之三祖，更尚文词，忽君人之大道，好雕虫之小艺。下之从上，有同影响；竞骋浪华，遂成风俗。江左齐、梁，其弊弥甚；贵贱贤愚，唯务吟咏。遂复遗理存异，寻虚逐微；竞一韵之奇，争一字之巧。连篇累牍，不出月露之形；积案盈箱，唯是风云之状。代俗以此相高，朝廷据兹擢士；利禄之路既开，爱尚之情愈笃。于是闾里童蒙，贵游总丱，未窥六经，先制五言。捐本逐末，流遍华壤；递相师祖，浇漓愈扇。及大隋受命，圣道聿兴，是以开皇四年，普诏天下，公私文翰，并宜实录。其年九月，泗州刺史司马幼之上表华艳，付所司理罪。由是公卿大臣咸知正路，莫不钻仰坟素，弃绝华绮，择先王之令典，行大道于兹代。如闻在外州县仍踵弊风，选吏举人未遵典则。至于宗党称孝，乡曲归仁，学必典谟，交不苟合，则摈落私门，不加收齿；其学不稽古，逐俗随时，作轻薄之篇章，结朋党而称誉，则选充吏职，举送天朝。盖由县令刺史未行风教，犹挟私情，不存公道。臣既忝宪司，职当纠察。若闻风即劾，恐挂网者多。请敕诸司，普加搜访，有如此者，具状送台。”(《文献通考》)

由此可见当时虽已废止九品中正制度，而“犹挟私情，不存公道”，门阀阿私之弊仍然存在了。

到了隋炀帝大业二年(606年)，始置进士科，策试诸士(通鉴纲目)，这才奠立了科举取士的基础，开导唐代科举制度的先河。按策试之法，从汉代开始，历魏晋南北朝而继续存在。其不同之点：即汉魏南北朝的选士，先由州郡保举，然后由朝廷策试；隋选进士，是州郡策试于前，朝廷策试于后。前者是选举与考试并行，后者是纯粹的举行考试了。

第一目　唐代科举的方式

科举制度，隋开其端，至唐而备。其举行的方式，《新唐书·选举志》载：

“唐制，取士之科，多因隋旧，然其大要有三：由学馆者曰生徒，由州县者曰乡贡，皆升于有司而进退之……其天子自诏者曰制举，所以待非常之才焉。”

故唐代取士，共有三种不同的方法。但以“学馆”每每有名无实，而“制学”又无一定的试期，于是天下士人都集中于“乡贡”的一途。故“生徒”和“乡贡”两类考试，经常举行，谓之“常科”;“制举”考试，谓之“特科”。

“常科”考试的主管机关属于尚书省的礼部，谓之“省试”。主持考试的初为考功员外部，后以此官位卑望轻，常与学人发生冲突，自玄宗开元二十五年（737年）以后，遂改归礼部侍郎主考，自此永为定制。诏书上说：

“每岁举人，求士之本，专典其事，宁不重欤？顷年以来，唯考功郎所职位轻务重，名实不伦，欲尽委长官，又铨选猥积；且六宫之列，体骨是同；况宗伯掌礼，宜主宾荐，自今以后，每岁诸色举人，及斋郎等简试，并于礼部集，既众务烦杂，仍委侍郎专知。”(《册府元龟》)

从此以后，礼部侍郎每年举行考选一次，考试的时间规定在十一月内举行。礼部试毕，仍须送中书门下详覆，实只限于“进士”。因诗赋杂文，乃“进士”所试，“明经”并无此类考试。历来争论，或以先送详覆，然后放榜；或先放榜，后送详覆。兹将其所争执之点列举如下：

1. 穆宗长庆三年(823年)，礼部侍郎王起掌“贡举”……奏曰：“伏以礼部放榜，已是成名，中书重复，尚未及第，若重覆之中，万一不定，则放榜之后，远近误传，其于事理，实为非便。请今年进士堪及第者，本司考试讫，其诗赋先送中书门下详覆，候敕却下本司，然后准例大字放榜。”从之。(《册府元龟》)

2. 文宗太和八年(834年)正月，中书门下奏：“进士放榜，旧例：礼部侍郎皆将及第人名先呈宰相，然后放榜。伏以委在有司，固宜精慎；宰臣先知取舍，事非至公。今年以后，便令放榜，不用先呈人名，其及第人所试杂文及乡贡三代名讳，并当日送中书门下，便令定例。”敕旨依奏。(《册府元龟》)

3. 武宗会昌三年（843年）正月，宰臣李德裕奏：“旧例进士未放榜前，礼部侍郎遍到宰相私第先呈及第人名，谓之呈榜。比闻多有改换，颇致流言……臣等商量，今年便任有司放榜，更不得先呈。”(《册府元龟》)

此自开元以后，始以礼部侍郎知“贡举”，送中书门下详覆的制度奠立以后，宪宗元和年间，钱徽为侍郎知“贡举”，宰相段文昌言其取士不公，覆试多不中选，徽坐免官(《新唐书》)。穆宗长庆以后，则礼部所取士先详覆而后放榜，虽有详覆之名，其实未尝再试(《文献通考》)。复观以上所述争点，“进士”“明经”同为举人，何以“进士”诗赋须送详覆，而“明经”策问俱可不问？又“进士”既送诗赋，又须三代名讳，岂非欲知其门第情形？再观礼部和宰臣所奏，皆避嫌疑，李德裕言尤冠冕，而措词急求推卸，足见原是嫌疑丛集之故，堪为有司取人，确会受到宰臣牵制的反证了。

兹将“贡举”“制举”“生徒”考试的方法分别略述如下：

一、贡举考试

由地方的州县官府逐层考选士子送至礼部，再举行正式考试，所以贡举考试也简称为“乡贡”。各郡贡士的数目：上郡岁三人，中郡二人，下郡一人，有才能者无常数(《通典·选举典》)。其常选的类科，《新唐书·选举志》载：

“其科之目有秀才、有明经、有进士、有俊士、有明法、有明字、有明算、有一史、有三史、有开元礼、有道举、有童子。而明经之别有五经、有三经、有二经、有学究一经、有三礼、有三传、有史科，此岁举之常选也。”

以上各科，《新唐书》虽云为岁举之常选，但其中最常时举行的，则为“秀才”“明经”“进士”“明法”“明书”“明算”六科。而在六科之中，更以“秀才”一科考选较严，有“举而不第者，坐其州长”之规定，因从太宗贞观以后，遂无人敢于轻举，该科等于无形中停辍。其他五科中，则以“进士”“明经”两科为最盛。当时“礼部之试，科目虽多，而士族所趋向，唯明经、进士二科”(《通典·唐代选举制》)。此二科中，又以“进士科”为最高贵。如“唐众科之目，进士为尤贵，而得人亦为最盛，岁贡常不减八九百人。缙绅虽位极人臣，而不由进士举者，终不为美。其推重谓之白衣公卿，又曰一品白衫”(《文献通考·选举考》举士篇)。就二科考试的难易说，亦以“进士”中试为最难，“明经”的录取则比较容易，故当时有“三十老明经，五十少进士”的口头语，亦可见其轻重之别了。兹再将“贡举”应考人的资格科目的内容和考试的方法略述如下：

1. 应考人的资格

(1)“乡贡”的定额，上、中、下三郡都有规定的数目，如前述。京师另有数额若干名，以待四方游士。

(2)“生徒”以在学满五百日而成绩堪以“贡举”的，则由学馆发解。

(3)凡士人欲取得应考资格的，除由学校申解外，例须向州县投牒(等于后世自动报名应考)，请其贡荐，叫作“觅举”(与两汉时代被动举出的不同)。如应举士子下第，以后仍须再请贡荐，才能应试，无自由投考之例。

最初“生徒”“乡贡”并行，后来“乡贡”亦多由学校取解，渐合“生徒”“乡贡”为一，自由竞试，无须觅举。此为由“荐举考试”过渡到“自由考试”，亦即“学校试”和“科举试”混而为一的开始。

2. 科目的内容

(1)秀才科：试方略策五道，以文理的通粗，分为上上、上中、上下、中上四等为及第。

（2）明经科：先帖经，后口试经，问大义十条，答时务策三道，亦分为甲、乙、丙、丁四等（唐太宗时，命孔颖达专撰《五经正义》一书，“明经”即依此考试）。

（3）进士科：试时务策五道，帖一大经。经策全通的为甲第，策通四、帖过四以上的为乙第。后改试诗赋和经义。高宗时加试《老子》，武后时改试《臣范》，中宗后仍试《老子》。

（4）明法科：试律七条，令三条，全通的为甲第，通八条以上的为乙第，不足七条的不第。

（5）明书科：先口试，不限条数，疑则问之，通乃墨试，帖《说文》《字林》二十条，通十八条的为及第。

（6）明算科：此项考试分为两种：

试算学，录大义本条为问答，明数造术，详明术理，然后为通。试《九章》三条，《海岛》《孙子》《五曹》《张邱建》《夏侯阳》《周髀》《五经算》各一条。十通六，《记遗》《三等数》帖读十得其九的为及第。

试《缀术》《缉古》录大义为问答者，明数造术，详明术理，无注者，合数造术，不失义理，然后为通。试《缀术》七条，《缉古》三条，十通六，《记遗》《三等数》帖读十得其九的为及第。

（7）开元礼科：问大义一百条，试策三道，全通的超资授官；义通七十条，策通二道以上的，及第。

（8）三传科：《左氏传》问大义五十条，《公羊传》《谷梁传》各问三十条，试策三道。义通七成以上，策通二道以上的为及第。

（9）史科：每史问大义百条，试策五道。义通七成、策通二道以上的为及第。

（10）童子科：凡童子十岁以下，能通一经和《孝经》《论语》，每卷诵文十道全通的，予以官职；通七成的，予以出身。

（11）道学科：试《老子》《庄子》《文子》《列子》四种子书，及第的待遇和明经相同。

（12）医学科：玄宗开元二十二年（734年）诏："道术医药举人，取艺业优长、试炼有效者，先令有司表荐，兼自闻达，敕限以满，须加考试。"（《册府元龟》）肃宗乾元元年（758年）制："以医术入仕者，同明经例处分。"乾元三年（760年），照右金吾长史王淑所奏，医术请同明法科例选人，各试医经方术策十道，《本草》二道，《脉经》二道，《素问》十道，张仲景《伤寒论》二道，诸杂经方义二道，通七成以上的为及第，以下的不第。

（13）武科：武后长安二年（702年），令人习武艺，始置"武举"。《唐会要》载：

"长安三年正月十七日，诏天下诸州，宣教武艺，每年准明经、进士贡举例送。"

此为"武举科"的创始。自后州县每岁如"明经""进士"之例，行"乡饮酒礼"，送至兵部。每年应试的常有数百人甚至千人以上，而能及第的不过数十人。后来郭子仪即以"武举"及第，用其武勇率兵平定安史之乱，成其再造唐室之功。到了中宗景龙元年（707年），以默啜寇边，制募猛士武艺超群者，各令自举，特设"武艺超绝科"。"武举"课试之制有：

长垛：尽帛为五规，置之于垛上，相距百有五步，列坐引射。

马射：穿土为埒，其长和垛相同，缀皮为两鹿，历置其上，驰马射之。

马枪：断木为人，戴方板在顶上，凡四偶人，互列埒上，驰马入埒，运枪左右触，必板落而人不踣，以僵好不失的为上选。

又有“步射”（射草人）、“穿札”、“翘关”（长一丈七尺，径三寸半，凡十举后，手持关距，出处无过一尺）、“负重”（负米五石，行二十步）和“身材”“言语”之选（取其躯干雄伟、应对详明、看骁勇才艺和堪为统帅者）。如文吏求为武选，取身长六尺以上、年四十以下、强勇可以绝人者，通得五成以上的为及第。

二、制举考试

“制举”即两汉以来朝廷特诏所学的“贤良方正”，所以选拔特出的人才，并非经常设置的科举，完全由天子临时标其名目而亲策之。唐代自高宗显庆三年（658年）诏举“志烈秋霜”科，韩思彦及第，此为“制举科”的开始；开元、贞元之间，颇为盛行；至宣宗大中十二年（858年）。李藩放“博学宏词科”止，二百年间，所谓“制举”，共有六十三目，归纳起来，可分为文（计有十五科）、武（计有八科）、吏治（计有十二科）、长材（计有五科）、不遇（计有九科）、儒学（计有六科）、贤良忠直（计有八科）七类。各科的名目虽异，但考试的内容大多相同。唐初试以文策，玄宗天宝十三年（754年）以后，更加试诗赋各一道。临试之日，或在殿廷举行（《资治通鉴·唐纪》：则天皇后天授元年二月辛酉，太后策贡士于洛城殿）。天子亲监观之，贡士的“殿试”自此开始。试已糊其名，于中考之，高第的特授以美官，其次予以出身，劣者黜落。开元时期，海内晏安，士耻不能以文章显达，其应诏而举的，多则二千，少亦不减千人，唯有录取希望的，百分之一罢了（《通典·选举典》）。

唐代的“制举”，名目甚多，随天子临时所欲，而列为定科的，凡七十八科，而多至八十有六（王应麟《困学纪闻》）。兹列表如下：

年份	显庆三年	乾封元年	上元二年	永隆元年	垂拱四年	永昌元年		长寿三年	证圣元年	万岁通天元年	神功元年	大足元年		长安二年	神龙二年				景龙二年		景云二年			
西历	六五八年	六六六年	六七五年	六八〇年	六八八年	六八九年		六九五年	六九五年	六九六年	六九七年	七〇一年		七〇二年	七〇六年				七〇八年		七一一年			
制举科目	志烈秋霜	幽素	词殚文律	岳牧举	词标文苑	抱儒素之业	蓄文藻之思	临难不顾、徇节宁邦	长才广庆沉迹下僚	文艺优长	绝伦	疾恶	拔萃	龚黄	才膺管乐	才高位下	材堪经邦	贤良方正	抱器怀能	茂才异等	文以经国	藏名负俗	文经邦国	藻思清华
及第人数	一	七	一	一	三	一	一	二	一	一	八	一	二	一	一	九	三	二	一	二	二	一	一	一
年份	先天元年			开元二年			五年		六年	七年	十二年	十五年		十七年	十九年	二一年	二三年		天宝元年	六年	十三年	大历二年	六年	
西历	七一二年			七一四年			七一七年		七一八年	七一九年	七二四年	七二七年		七二九年	七三一年	七三三年	七三五年		七四二年	七四七年	七五四年	七六七年	七七一年	

（续表）

制举科目	及第人数
寄以宣风则能兴化变俗	七
道侔伊吕	
手笔俊拔超越流辈	一
直言极谏	二
哲人奇士逸沦屠钓	一
良人异等	二
文史兼优	二
文儒异等	二
博学通识	二
文词雅丽	四
将帅	二
武足安边	二
高才沉沦草泽自举	一
才高未达沉迹下僚	一
博学宏词	二
多才	一
王霸	二
智谋将帅	三
文词秀逸	二
风雅古调	一
词藻宏丽	一
乐道安贫	一
讽谏主义	二

年份	西历	制举科目	及第人数
建中元年	七八〇年	贤良方正直言极谏	四
		文词清丽	六
		经学优深	三
		高蹈丘园	三
		军谋越众	三
		孝悌力田闻于乡闾	三
贞元元年	七八五年	贤良方正能直言极谏	一四
		博通坟典达于教化	二
		洞识韬略堪任将帅	一
四年	七八八年	贤良方正直言极谏	一五
		清廉守节政术可称堪称县令	一
		孝悌力田闻于乡闾	一
十一年（或十年）	七九五年	贤良方正能直言极谏	一五
		博通坟典达于教化	一
		详明政术可以理人	二
元和元年	八〇六年	才识兼茂明于体用	一六
		达于吏理可使从政	一
二年	八〇七年	贤良方正能直言极谏	一一
		博通坟典达于教化	二
		军谋宏远堪任将帅	一
		达于吏理可使从政	一

（续表）

年份	长庆元年				宝历二年			太和二年			总计
西历	八二一年				八二六年			八二八年			
制举科目	贤良方正直言极谏	详明政术可以理人	军谋宏远堪任将帅	博通坟典达于教化	贤良方正能直言极谏	详明吏理达于教化	军谋宏远材任将帅	贤良方正能直言极谏	详明吏理达于教化	军谋宏远堪任将帅	七十八科
及第人数	一一	一	二	一	一六	一	二	一九	一	二	二六五

关于“制举科”考试的录取人数，并无定额。先天元年（712年），玄宗初即位，宣劳使所举诸科九人（《容斋随笔·续笔》卷十二）。贞元十年（794年），“贤良方正科”十六人（同上书卷十三）。但天宝十年（751年）九月，玄宗御勤政楼，试怀才抱器举人，则又通场下第（《册府元龟》卷六四三）。“制举”为科第中的最高者，有中了“进士”以后，又中“制举科”的，有一人连中数科的：如李怀远、孙逖连中四科，裴守真连中六科，张鷟连中七科，员半千、陆元方、崔融、阳峤则连中八科。贞元十年，“贤良方正科”所举十六人，裴垍为首，王播次之，隔一名为裴度、崔群、皇甫镈继之，六名之中，连得五相（《容斋随笔·续笔》卷十三）。唐代三百六十九名的宰相，其由“制举”出身的计有七十二人，由此可见“制举科”的重要了。

三、生徒考试

“生徒”考试，即在中央“六学”“二馆”等学校的学生，由“国子监”祭酒每年挑选学业有成就的若干人送至礼部应

“省试”；在地方州县学校的学生，由长史挑选学业有成就的若干人送至礼部应“省试”。

唐代初年规定，凡士子应常贡，只问学力，不限于学校内的学生；但在文宗太和年间，凡公卿士族的子弟，须先入“国学”肄业，方准应“明经”“进士”考试；在武宗会昌年间，又规定不论中央或地方一切皆由学校出身的方准应试，此为考教合一的先例。如果会昌年间的规定通行，则唐代后期五十余年间，学校和科举的关系反较密切了。“省试”取中以后，送入“国子监”读书，酌加津贴，然后上于尚书吏部复试，及格后才能擢用授官，不及格的再过三年应试，所以“韩文公三试于吏部无成，则十年犹布衣”。此又为考试及格后再加训练的先例，亦为后世进士馆教习的先声，但稍有不同罢了。

第二目　唐代试官的阶段

唐代试士和试官是分别举行的，士子经礼部考试及第后，仅取得出身资格，须再经吏部考试中式，才能授以官职，即所谓“释褐试”（旧制：殿试后，新进士诣太学释褐，行释菜礼，簪花饮酒而出。所谓“释褐”，谓释贱者之服而衣官服也）。故有才华辞藻，既举“进士”而累年不第者，如韩愈三试于吏部无成，则十年犹布衣，且有出身二十年而未得到一官半职的。吏部择人的方法有四：

1．观其身，取其体貌丰伟；

2．观其言，取其言辞辩正；

3．观其书，取其楷法遒美；

4．观其判，取其文理优良。

《新唐书》载："凡选有文武，文选吏部主之，武选兵部主之，皆为三铨，尚书侍郎分主之……凡择人之法有四：一曰身，体貌丰伟；二曰言，言辞辩正；三曰书，楷法遒美；四曰判，文理优良。四事皆可取，则先德行，德均以才，才均以劳，得者为留，不得者为放……凡试判登科谓之入第；甚拙谓之蓝缕；选未，满而试文三篇，谓之宏辞；试判三条，谓之拔萃；中者即授官。"(《新唐书·选举志》)

关于吏部的择人，应注意的有二点：

1. 不是任何官吏皆由吏部选择，而是六品以下的官吏，才由吏部选择；而吏部所选择的又不限于京官，凡国内一命之官，皆出于朝廷。如陆贽所说：

"国朝之制，庶官五品以上制敕命之，六品以下则并旨授。制敕所命者，盖宰相商议奏可而除拜之也。旨授者，盖吏部铨材授职，然后上言，诏旨但尽闻以从之，而不可否者也。"(《文献通考·选举考·举官》)

由此看来，吏部以一个机关而欲选择全国的人才，自非易事，关于这一点，当时人已有所批评。如高宗永淳元年(682年)魏玄同上疏言选举流弊一文说：

"汉制，诸侯自置吏四百名以下，其傅相大官则汉为置之；州郡掾吏督邮从事悉任之牧守。自魏晋以后。始归吏部，而迄于今……天下之大，士类之众，可委数人手乎？又尸厥任者，间非其选，至为人择官，为身择利，下笔系亲疏，措情观势要，悠悠风尘，比焉奔竞，使百行折之一面，九能断之数言，不亦难乎？"(《新唐书·魏玄同传》)

2. 吏部择人，虽有身、言、书、判四法，而其所注重的乃是书判。加以考试时先观书判，而后察其身言，如书判不能中选的，根本不能入第。书是楷法，判是文理，非多读书善作文章的不可。所以《容斋随笔》说：

“唐铨选择人之法有四：一曰身……二曰言……三曰书……四曰判……既以书为艺，故唐人无不工楷法；以判为贵，故无不熟习；而判语必骈俪，今所传《龙筋凤髓判》，及《白乐天集·甲乙判》是也。自朝廷至县邑莫不皆然，非读书善文不可也。”（《容斋随笔·唐书判》）

凡人皆各有一技之长，长于文辞的，固然未必没有才能；而具有才能的，亦未必长于文辞。书判既成为选官的标准，一般倜傥之士，或不愿埋头苦读，致对于文墨小技不能精通的，将无法表现其才能而见用于世了。所以当时就有人表示反对的意见：

“天宝十年，选人刘乃献议曰：知人……官人……唐虞举以为难……近代主司……察言于一幅之判，观行于一揖之内……夫判者以狭词短韵，语有定规为体，犹以小冶而鼓众金，虽欲为鼎为镛，不可得也。故曰判之在文，至局促者。夫铨者，必以崇文冠首媒耀为贤，斯固士之丑行，君子所病。若引周公尼父于铨庭，则虽图书易象之大训，以判体措之，曾不及徐庾；虽有渊默罕言之至德，以喋喋取之。曾不若啬夫……能不悲乎？”（《唐会要·论选举》）

第三目　唐代考试的内容

唐代考试，沿袭隋代的制度，规定下列的程序：

1. 关于经史者

有“帖经”“墨义”“口义”三种。所谓“帖经”，照杜佑《通典·选举三》说：

“凡举司课试之法，帖经者，以所习经掩其两端，中间开唯一行，裁纸为帖。凡帖三字，随时增损可否不一，或得四，或得五，或得六，为通。后举人积多，故其法益难，务欲落之，至有帖孤章绝句疑似参互者以惑之。甚者或上抵其注，下余一二字使寻之难知，谓之‘倒拔’。既甚难矣，而举人则有驱悬孤绝，索幽隐为诗赋而诵习之，不过十数篇，则难者悉详矣。其于本文大义，或多墙面焉。”

又《唐书·选举志》载：“明经者但记帖括。”

所以后世沿称科举的诗文为“试帖”，或“帖括”(即包括帖经的门径)，即由于此。所谓“墨义”，即问书中的事实，和其上下文的连缀。至于“口义”，则犹如后世塾师的挑诵，而“墨义”就是“默写”。

2. 关于时务者

有“策”，即汉代“策问”的遗制。

3. 关于文艺者

有“诗赋”“杂文”。所谓“杂文”，即“箴”“论”“表”“赞”之类。其后又单立一格，即是“论议”。

大抵唐制诸科，“帖经”“义”“策”三者并试。进士一科，初只试“策”，后乃试“帖经”兼试“杂文”；开元以后，并增“诗赋”。到了德宗建中二年(782年)，废“诗赋”而用“论议”，文宗太和八年(834年)，又罢“论议”而复“诗赋”；后来又以“诗赋”为第一场，“论”为第二场，“策”为第三场，“帖经”为第四场，而综其大要，为“论议”和“诗赋”并争的局面。

关于唐代建立科学制度，就历史的演进说，实具有重大的贡献和价值，约可分为下列三点来说明：

1. 前代对于人才的选拔，在两汉为“乡举里选制”，在魏晋南北朝为“九品中正制”，都是由有司（如刺史、太守、中正等官）的荐举，凡属有志仕进的人都莫由自进；在科举制度下，所谓“士子怀牒自进”，则有类于现在的考生带着报名履历表和证件亲自去报名一样，考试的机会，至此乃获得一律平等。自唐虞以来的考试思想萌芽，递嬗至此，始揭橥自由竞争的精神，得脱离选举的羁绊而划然独立。其最足奠立考试制度基础的，即考试权的独立行使，不受任何权势的支配。如唐玄宗要为进士王如詵改官，宣付礼部，宜与及第，而中书门下牒礼部，应依例考试，以致《唐语林》传为佳话。故唐代对于考试最可珍贵的贡献，即为自由竞争和考试权独立行使的精神，使有志之士开始获得自动而普通的参政权或服官职的机会，当时唐太宗亦会有“天下英雄，入吾彀中”的豪语，这真是中国民权发展史上崭新的一页。

2. 唐代科举制度所分的科目甚多，常选的近有二十种之多，较之两汉的“州郡察举制”和魏晋南北朝的“中正铨衡制”，则甚为公平、客观而合理。在“州郡察举”和“中正铨衡”的制度下，操有荐举权和铨衡权者每易受主观感情所支配，常不免有所爱憎、好恶的私见存乎其间，所选拔者未必都是贤良或人才；加以荐举者常为地方势力所包围，致使被举者都属于豪门望族，寒素的士子终难有进身之阶，这是何等不公平！科举取人系用考试方法，完全依据客观的尺度作取舍的标准，考官丝毫不能任意出入。所以自唐代奠立科举制度以后，凡属具有真才实学的人不难有脱颖而出的机会，这是用人唯才主义的实际应用，实足以救“乡举里选制度”之穷，防“九品中正制度”之弊，这又是中国政治发展史上的一重大改革。

3. 唐代以前，选举人才，全以“品行”和“德望”为标准，这完全是德治主义的政治观。唐代实行科学制度，分科细密，确定从政人员应注重“经”“史”“文学”和“身”“言”“书”“判”等条件，不仅要有德，并且要有才，这在我国政治观念上，实在是一个重大的转折点，降至现代，仍不失为具有科学性的方法了。唐代科举制度，在我国政治制度方面虽具有辉煌的成就和重大贡献，但就其本身的运用来说，尚有若干缺陷，仍不免为当时和后世的人所评议，兹略述其要点如下：

第一，当时有识之士批评最为剀切详确的，当推赵匡的选举议，其要点为：

“进士者时共贵之，主司褒贬，实在诗赋，故士林鲜国体之论，其弊一也。人之心智，盖有涯分，而‘九流’‘七略’，书籍无穷，主司征问，不定程限；故修习之时，但务钞略，比及就试，偶中是期，故当代寡人师之学，其弊二也。既口问义，又诵疏文，当代礼法，无不面墙，临人决事，取办胥吏之口，所习非所用，所用非所习，故当官少称职之吏，其弊三也。举人大率二十人方收一人，故没齿不登科者甚众，而杂色之流，广通其路，此一彼十，故受官多低下之人，修业抱后时之叹，待不才者何厚？待有中者何薄？崇末抑本，启昏窒明，故士子舍学业而趋末技，其弊四也。收人既少，则争第急切，交驰公卿，以求汲引，毁訾同类，用以争先，故业固儒雅，行成险薄，亏损国风，其弊五也。大抵举选人以秋初就道，春末方归，休息未定，聚粮未办，即及秋正，业不得修习，益令艺能浅薄，其弊六也。羁旅往来，糜费实甚，非唯妨缺正业，盖亦隳其旧产，未及数举，索数已空，其弊七也。贫窭之士，在远方欲力赴京师，而所冀无际，以此揆度，遂致没身，使兹人有抱屈之恨，国家有遗才之缺，其弊八也……"（《文献通考·选举二》）

第二，进士为当时所崇尚，但未能满足人望而受到讥评的也很多。柳宗元曾慨然说道：

"若今由州郡抵有司求进士者岁数百人，咸多为文辞，道今语古，角夸丽，务富厚，有司一朝而受者几千万言，读不能什一，即偃仰疲耗，目眩而不欲视，心废而不欲营，如此而曰吾能不遗士者，伪也。"（《柳河东集》）

于此可见阅卷甄士的不足凭信，足以一语道破。又有所谓"公卷"者，举子得先将自己的文章送呈京师的达官贵人，采名誉，观素学，等到临试的时候，可以不问试艺的高下，专取知名之士，谓之"通榜"，其榜帖也可以托人为之。如陆贽知贡举，梁肃、崔元翰所推荐的皆予录取。韩愈负文名，延誉举子，往往得售。流风所被，全国士子奉币刺以谒典客的，投上自己的文章，名曰"求知己"；如是而又不问，则再如前所为，名曰"温卷"；如是而又不问，则执贽于马前，自称"某人上谒"，其卑躬屈节的状态，实在可怜。甚至有走门路，通关节，以求必得，豪气骂吻，游诸侯门，诸侯望而畏之，既得则肆意轻薄的。如高锴侍郎知贡举（开成元年至三年），裴思谦凭权阉仇士良的荐函争得状元，既及第，宿平康里，赋诗作乐。其因举进士不得志的，则含恨于心，铤而走险的亦甚多。如懿宗于咸通年间，李山甫不第，流落朔方，为乐彦祯从事，怨恨朝廷的执政（《南部新书》）。李振屡举不第，怨恨缙绅之士，即向朱温进言："此辈常自谓清流，宜投之黄河，使为浊流。”乃聚朝士贬官的三十余人，一夕尽杀之，投尸于河。这又因贡举积怨而生的巨祸。

第三，唐代科举程序，有“县试”“州试”“礼闱”“殿试”“选试”五种之多，迂回曲折，束缚过严，一般有志之士，多不愿受此委曲，故真才不易罗致，而且科举及第以后所授的官职并不高，除此以外，入仕的途径很多，人才亦大可不必由此谋得进身之阶。玄宗开元十七年（729年）杨玚曾上疏说：

“窃见入仕者诸色出身，每岁尚二千余人，方于明经，进士多十余倍，恐儒风渐坠。”

于此可以想见当时的科举，并未能成为唯一的入仕之途；在选拔人才方面，亦未能达成理想的效果。

第四，唐代取士，除“制举”外，其由学校出身的曰“生徒”，由州县选送的曰“乡贡”。“生徒”和“乡贡”皆须经“会试”始得及第，二者之间初无分别。“乡贡”所取的人，皆未经“六学馆”的训练，而其效力和卒业于“六学馆”的相等，考试中式后，其荣誉还要超过他们，此为当时学校不能发达的最大原因。玄宗时，曾下诏“乡贡、明经、进士须向国子监谒先师，受学官开讲问义”。又诏“诸州贡举人省试不第者，令其入学补习”。天宝十三年（754年），竟停止“乡贡”，诏“天下举人，乃得充乡试，皆须补国子学生及郡县学生，然后听举；其不由国子及郡县学者不得授官”。但不到三年，又恢复“贡举”，后来历文宗、武宗诸代都想把学校和考试打成一片，唯积重难返，等于具文，学校亦徒有其名，历宋、元、明、清而学制衍化之迹益著，此自唐代已肇其端了。

第五，唐初，科目极繁，如“明法”“明字”“明算”诸科，颇能拔取真才，切合实用。其后仅行“明经”“进士”二科，“明法”一科亦随之而废。当官所需用的智识技能，在文官考试中，遂至全然不占地位，专以“帖经”“诗赋”取士，“试学者以帖字为通经，而不穷义旨；考文者以声病为是非，而唯择浮艳”。此种偏重文艺，务记诵，炫辞章，而废实学的取士方法，演及宋代，即以“经义”取士，讲求大义，而明清更演为“八股”，流毒滋甚，究其虚文废学、空虚浮薄的由来，可谓已滥觞于唐代了。

第六，唐代贡举之士，呼有司为“座主”，而自称曰“门生”，自中唐以后，遂有“朋党”之祸（顾炎武《日知录》）。李德裕虽身涉“朋党”之争，亦深知其弊端的所在。尝说：“岂可怀赏拔之私惠，忘教化之根源，自谓‘门生’，遂成胶固，所以时风寖薄，臣节何施？树党背公，靡不由此。”（《李德裕文集》补，停止进士宴会题名录）德裕不欲呼有司为“座主”，奉宜旨拟止之。王船山氏论之最为透辟：“贡学者，议论之丛也，小人欲排异己，求可攻之瑕而不可得，则必于此焉摘之，以激天下之公怒，而胁人主以必不能容。李德裕修其父之宿怨，元稹佐之以击李宗闵杨汝士。长庆元年，进士榜发，而攻讦以逞，于是朋党争衡，国是大乱，迄于唐亡而后亡。”（王夫之《读通鉴论》）政治深结嫌怨，植党相磨轧者凡四十年，这是唐代在贡举方面未加注意防范所发生的流弊。

综观以上所述，唐代科举制度的建立，在我国政治制度史上确有其辉煌的成就，此为无可磨灭的事实，但任何一种政治制度，施行日期一久，即不免为人所利用，致有腐蚀的流弊。故谋国者在积极方面，固应充分发挥其优良传统；在消极方面，亦应严密防杜其腐蚀弊端。防微杜渐，后人亦可因之而知所借镜了。

第二节　隋唐时代与科举有关的教育制度

隋代在教育制度方面，改革很多，悉为后来唐代所本。就学制而论，其为唐代所因袭的有下列二点：

1. 教育行政权，总于“国子监”（原称国子寺）。

2. 于专究经典的“国子学”“太学”“四门学”以外，另设“书学”“算学”“律学”。隋文帝时，诏天下郡县皆置“博士”，习礼。自中央以至于地方，皆设学校，讲诵之声，道路不绝。隋唐《儒林传序》说：

“中州儒雅之盛，自汉魏以来，一时而已。”

到了炀帝时代，外事四夷，戎马不息，师徒怠散，盗贼四起，空有建学之名，已无弘道之实了。唐代学校制度，更较过去为完备。由中央直接设立的学校大概分为三系：

1. 中央六学是为直系

(1)“国学”;(2)“太学”;(3)“四门学”;(4)“律学”;(5)“书学”;(6)“算学”。统属于“国子监”——国子监的性质，等于现在的教育部，长官称为“国子祭酒”。“六学”中的前三学，似属于大学性质；后三学似属于专科学校性质。

2. 旁系有二馆

(1)“弘文馆”——归“门下省”直辖;(2)“崇文馆”——归“东宫”直辖。此二馆资格较“六学”为高，而程度反较低。

3. 医学

亦属于专科学校性质，另成一系，直辖于“太医署”，不归“国子监”管辖。

除以上三系外，有“崇玄学”隶于“祠部”（祠部，魏尚书有祠部，掌礼制，历代因之。北周始改为礼部，隋唐别置祠部曹，属于礼部，专掌祠祀、天文、漏刻、国忌、庙讳、卜祝、医药等及僧尼簿籍，明代改为祠祭司）；“集贤殿书院”隶于“中书省”。“崇玄学”亦属于大学性质，“集贤殿书院”从表面上看，似乎是一种研究院，但实际上不过为一“中央图书馆”。

至于由地方政府办理的学校，在各府有“府学”，各州有“州学”，各县有“县学”，县内又有“市学”和“镇学”。所有府、州、县、市、镇各学统属直系，由“长史”主管（“长史”等于现在的教育厅厅长），再隶于“国子监”。各府各州和各市镇另有“医学”，乃属于旁系。各地方政府办理的各种学校，其性质介乎中、小学之间，其毕业生有可以直接应“乡贡”的，亦有直接升入中央“四门学”的。

所有中央各学和地方各学的学生习业既成，每年仲冬由馆监举送到“尚书省”，和由州县所举送的“乡贡”，重试于“礼部”，考取的和“乡贡”取得同样的出身（即资格）。唐代初年，天下“明经”“进士”出身由“学监”举送考取的，都为人所重视，因为他们在官学中受过正式教育，究较“乡贡”高出一筹。到了后来科举盛行的时候，士子都趋向于“乡贡”的一途，而“国学”遂不复引起人的注意了。兹将“国子监”和各学馆学生的入学和考试等情形略述如下：

一、“国子监六学”学生的入学和考试

“国子监”掌邦国儒学训导的政令，并统管“京师六学”。“监”设“祭酒”一人，为主管长官，以“司业”二员为副。

“学”置“博士”“助教”专负分经教授的责任，教法有讲有读。学生未将一经学毕，不得再易其他经书。兹将教授的学科、学生的入学、名额和考试的时间、黜陟等，分别略述如下：

1. 教授的学科

(1)“国学”“太学”“四门学”皆以经术为主。凡治《孝经》《论语》的共限一岁；《尚书》《公羊传》《谷梁传》各一岁半；《易》《诗》《周礼》《仪礼》各二岁；《礼记》《左传》各三岁。每日书学尽纸一幅，间习时务策，读《国语》《说文》《字林》《三苍》《尔雅》。

(2)书学以《三髓石经》限三岁；《说文》二岁；《字林》一岁。

(3)算学以《孙子》《五曹》共限一岁；《九章》《海岛》共三岁；《张邱建》《夏侯阳》各一岁；《周髀》《五经算》共一岁；《缀术》四岁；《缉古》三岁；《记遗》《三等数》皆应学习。

(4)律学以律令为主科，兼习格式、法例。

2. 学生的入学

国子监的学生，都由尚书省依品级的高下补入学习。“国子学”是以三品以上官员的子弟为学生，“太学”是以五品以上官员的子弟为学生，“四门学”是以七品以上官员的子弟和庶人之为“俊士生”者为学生。玄宗开元五年(717年)制：“诸州贡学省试不第愿入学者，听。”(后世“贡举”入监，从此开始。)“律”“书”“算”三学是以八品以下官员的子弟和庶人通达各该学术的为学生。学生入学时，皆向师长行“束脩”之礼。

3. 学生的名额

“国子监六学”学生的名额如下：

(1)“国子学”学生原额三百员，嗣后“西监”八十员，“东监”十五员。

(2)“太学”学生原额三百员，嗣后“西监”七十员，“东监”十五员。

(3)“四门学”学生原额一千三百员，内有五百员是七品以上官员的子弟，几百员是庶人之为“俊士生”者，嗣后“西监”三百员，“东监”五十员。

(4)“律学”学生原额五十员，嗣后“西监”二十员，“东监”五员。

(5)“书学”学生原额三十员，嗣后“西监”十员，“东监”二员。

(6)“算学”学生名额和“书学”相同。

4. 考试的期间

“国子监六学”学生在学期中，十日举行一次“旬考”，年终举行一次“岁考”，后来又有“月考”。宪宗元和元年（806年），国子祭酒冯伉奏：“其礼部所补学生，到日亦请准格帖试，然后给厨。后每月一度试，经年等第不进者，停厨。敕旨从之。”是元和以后，监生又有“月考”，唯“月考”行时，“旬考”恐已废止。

5. 考试的黜陟

“国子监六学”学生的“岁考”，口问大义，如三次列下等，和在学逾九岁，“律生”逾六岁，不堪“贡举”，不服从教导，一岁中违程期满三十日，事故满百日，亲病满二百日的，皆罢归为民。诸学生通二经，俊士通三经，已及第而仍愿留学的，“四门生”补“太学生”，“太学生”补“国子学生”。其学业有成的，由监司简试，取其中成绩最佳的二三百人举送“尚书省”，和“乡贡”同受“礼部”考试。统计每年“明经”“进士”及第的不过百人，“两监”学生仅有一二十人罢了。

二、“宏文馆”学生的考试

高祖武德四年（621年）置“修文馆”于门下省，九年改为“宏文馆”。同年九月太宗即位，大阐文教，于宏文殿中聚四部群书二十余万卷，于殿侧置宏文馆，选贤良文学之士如虞世南、姚思廉、褚亮、欧阳询、蔡允恭、叶德言等，以本官兼学士，轮流值宿馆中；听朝之暇，引入内殿，讲论文义或商量政事，常至深夜方罢。褚遂良受命检校馆务，号为馆主。当时仅为一研究和咨询性质的机关，尚未成为作育人才之所。玄宗开元七年（719年），置学生三十八人，补宏文馆崇文学生例，始为学生学习之所。天宝十四年（755年）编制：“学士”人数未定，其职务是掌理图籍，教授生徒，朝廷制度沿革，礼仪轻重，皆加以参议；“校书郎”二人，掌校理典籍，刊正错谬，以及“令史”“典书”“楷书手”等人员。学生的课试和举选，和“国子监”的学生相同。

三、“崇文馆”学生的考试

太宗贞观十三年（639年），在“东宫”置“崇贤馆”。高宗显庆元年（656年），太子宏请于“崇贤馆”置“学士”，并置生徒，始置学生二十八，都是皇族皇亲和高官的子弟。上元三年（676年），因避太子名改为“崇文馆”，“学士”掌理经籍图书，教授诸生。又置“校书郎”二人，以及“令史”“典书”“楷书手”等人员。学生的课试和举选，一如“宏文馆”的例子。

四、“医学”学生的考试

“医学”属于“太医署”，内分四门：

1．“医学”计分五科

(1)“体疗科”，学程限七年;(2)“疮肿科”;(3)“少小科”——上两科学程均限五年;(4)“耳目口齿科”;(5)“角法科”——上两科学程均限二年。以上各科均以《本草》和《甲乙脉经》为必修科目。置“医博士”一人，“助教”一人，学生四十人，先读诸经，后分科学习。

2．“针学”

置“针博士”一人，“助教”一人，“针师”十人，掌教“针生”以经脉、孔穴，使识“浮沉涩滑”之候，又以“九针”为补泻之法。“针生”二十人，习《素问》《黄帝针经》《明堂》《脉诀》，兼习“流注”“偃侧”等图，《赤乌》《神针》等经。

3．“按摩学”

置“按摩博士”一人，“按摩师”四人，“按摩生”十五人。“按摩博士”掌教“按摩生”以“消息导引”之法，以消除人的“风”“寒”“暑”“湿”“饥”“饱”“劳”“逸”八疾。凡属因跃节腑脏壅积而发生的疾病，导而宜之，使内疾不留，外邪不入，若损伤折跌的，也以按摩方法医治。

4．“咒禁学”

置“咒禁博士”一人，“咒禁生”十人。“咒禁博士”掌教“咒禁生”，以咒禁和破祓除厉的方法，斋戒以受。

上列“医学”四门学生的名额共八十五名，每月由“博士”考试，每季由“太医令丞”考试，每年年终由“太常丞”总试，学业有成的，其待遇和“国子监”的学生相同。

五、“崇玄学”学生的考试

玄宗开元二十九年(741年)，西京和诸州各置“崇玄学”，是为道教有官学之始。天宝元年(742年)，西京置“博士”“助教”各一员，学生一百人（诸州无常员），令习《老》《庄》《文》《列》四子书，三年学成后，每年随“贡举人”例送至“门下省”，依“明经”例考试。

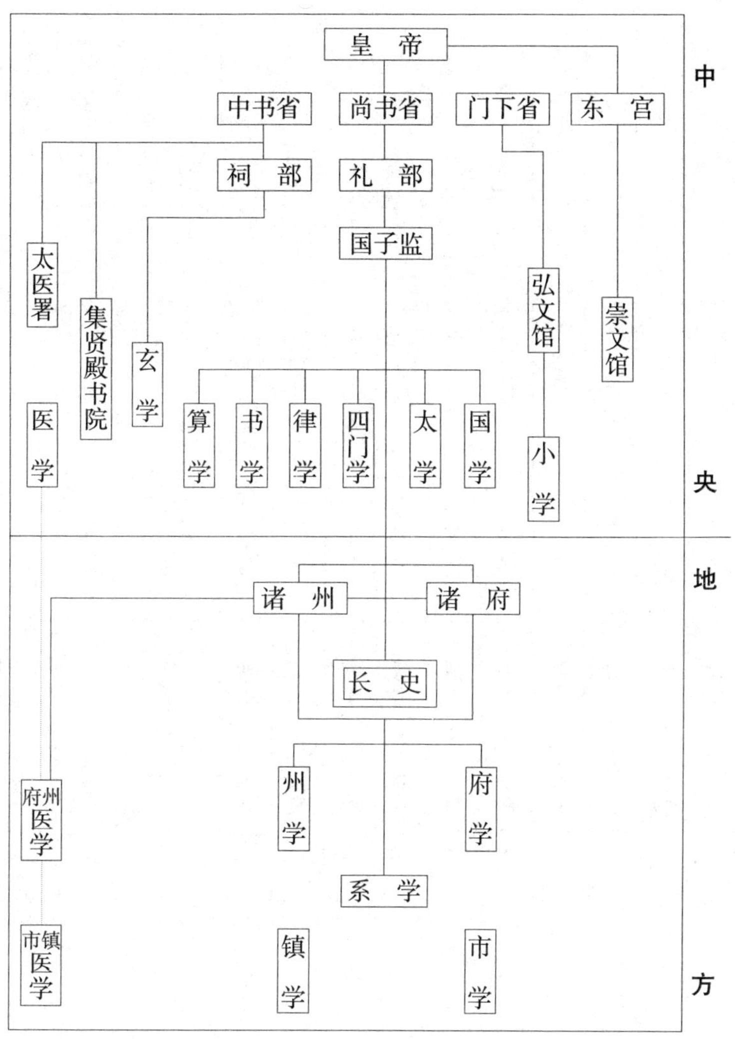

附图：唐代学制系统图

附表：唐代直系各校学生及教员名额表

	学名	学生额数	教员数
中央	国子学	三百名	博士二人 助教二人
	太学	五百名	博士三人 助教三人
	四门学	一千三百名	博士三人 助教三人
	律学	五十名	博士一人 助教一人
	书学	三十名	博士二人
	算学	三十名	博士二人
地方	京都学	八十名	博士一人助教二人
	大都督府学	六十名	博士一人 助教二人
	中都督府学	六十名	博士一人 助教二人
	下都督府学	五十名	博士一人 助教一人
	上州学	六十名	博士一人 助教二人
	中州学	五十名	博士一人 助教一人
	下州学	四十名	博士一人 助教一人
	中县学	五十名	博士一人 助教一人
	上县学	四十名	博士一人 助教一人
	中县学	三十五名	博士一人 助教一人
	下县学	二十名	博士一人 助教一人

附表：唐代旁系各校学生及教员名额表

国立医学	集贤殿书院	玄学	崇文馆	宏文馆	学名	
四十名（内有按摩生十五名）			二十名	三十名	学生名额	中央
医博士助教各一人 博士助教各一人 按摩博士一人 按摩师四人 咒禁博士一人			学士无定额	学士无定额	教员数	中央

	市镇	下州	中州	上州	下都督府	中都督府	大都督府	京都督府	区别	
地方玄学京都各百人诸州无常员		十一名	十二名	十二名	十二名	十五名	十五名	二十名	学生额数	地方医学
		博士一人	博士助教各一人	博士助教各一人	博士助教各一人	博士助教各一人	博士助教各一人	博士助教各一人	教员数	地方医学

第六章　宋代的考试制度

第一节　宋代的科举

第一目　宋代科举的方式

宋代开国之初，科举制大多沿袭唐制，可分为三类：一为“制举”，因国家需要某种人才，由天子随时招考，不常设置，也没有一定的章程；二为“学选”，由大学的三舍选充，仅在北宋哲宗元符二年（1099年）到徽宗宣和三年（1121年）施行二十二年。当时因新党当国，务使全国人才悉由学校出身，所以停办“常科”，专由“三舍法”升贡。三为“贡举”，实行时间较久。宋初原仿唐制，其科目亦有进士、九经、五经、通礼（宋初沿唐制试开元礼，至太祖开宝六年，开宝通礼成，乃改科，是岁以新书试问），三史、三礼、三传、学究和明经、明法等科。此诸科中，以明经、进士二科为最普通，尤以进士一科得人最盛。到神宗熙宁年间，王安石秉政，以明经诸科，或过于机械，或空疏无用，乃尽罢诸科，独存进士一科。在徽宗初年，蔡京当国，虽曾一度完全停办科举，取士全由学校出身，但不久蔡氏失败，而“进士科”恢复举行。此外有“武举”和“童子学”等，则又属于特殊性质的考试了。《宋史·选举志》载：

“宋初承唐制，贡举虽广，而莫重于进士、制科……三百余年，元臣辅辅，鸿博之儒，清疆之吏，皆自此出，得人为最盛焉。”

兹将宋代科举的方式分别略述如下：

一、贡举科

当初常贡每年举行一次，到仁宗时，才改为两年举行一次，神宗时，乃仿照周朝三年大比的遗制，又改为三年举行一次，从此以后，相沿不改，即成定制了。贡举的手续，大概分为两个阶段：

第一阶段，由州县将应试士子保送至本道考试官，于秋季先考选一次，谓之“秋试”。第二阶段，由礼部考选诸路所贡的举人，谓之“省试”。在秋试以前，先由各县长官考查地方行艺之士，保送到州；州之长贰复核属实，再保送到本道考试官，如被保的人查有缺行恶迹，则州县长官都感受处分。这一般应试士子经考选以后，上贡到中央礼部，谓之“贡士”，又称“举人”。照例各道在秋季解送，贡士在冬季向礼部报到，等到次年春季举行考试，经礼部考试及格后，即称为“进士”；但在太祖开宝年间，落第的举人常常讼考试不公，于是由天子另派大员在殿廷复试一次，或由天子亲自主持复试，是为“殿试”，作最后的决定。《宋史·选举志》载：

“帝（太祖）尝语近臣曰：‘昔者科名多为势家所取，朕亲临试，尽革其弊矣！’是年亲试进士王式等，乃定王嗣宗第一，王式第四。自是御试与省试始有升降之别。”

又载：

“（太宗）谓近臣曰：‘朕亲选多士，殆忘饥渴，召见临问，观其才技而用之，庶使田野无遗逸，而朝廷多君子尔。’”

于此可见国家之重视考试如此，这样才能算是为人才而求人才，同时可以知道考试权独立行使的精神，即在于此；宜乎历代对于这项制度都勤于讲求，继继绳绳，久而弗替了。

至于进士科的考试科目，在宋初本沿用唐制，一以试赋、策论、帖经、墨义为主。《宋史·选举志》载：

“凡进士试诗赋论各一首，策五道，帖《论语》十，帖对《春秋》或《礼记》墨义十条。”

但到了仁宗庆历年间和神宗熙宁年间曾发生两次的改革，兹分别略述如下：

1. 范仲淹的改革办法（第一次）

因唐代以诗赋取士，以致演成“进士”的浮薄。宋代既然要矫正唐代的缺陷，当然不会永远因袭唐代以诗赋取士之法，所以改革之声，至宋代而大盛，认为唐代科举的缺陷有二：

（1）学非所用；

（2）所试者乃一日之短长。

从经验上证明，无学问的也可以幸致，真有学问的或反而见遗。对于前者，只要改变其考试的内容即可；对于后者，则非兼重学校教育不为功。不然，一个来应试的士子，是否从事于学问是无从加以调查的。仁宗时，范仲淹为相，便针对着上述两种缺陷，提出“精贡举”的改革办法来，其要点为：

（1）进士先策论，后诗赋；诸科取兼通经义者。

（2）兴学校，诏州县立学，士须在学三百日，无残德败行，乃听预秋试。

这是比较切近应用的了，但仍不废诗赋。然而宋代自太祖到仁宗时，百年来对于士大夫的种种优礼，已造成千千万万的官僚乃至秀才的特有权利，根深蒂固，一旦遽行改革，实非易事，所以不到一年，范氏也就罢相而去，其法即废了。

2. 王安石的改革办法（第二次）

到了神宗熙宁年间，王安石为相，对于改革考试办法的主张更加积极。《宋史·选举志》载：

“（王安石对神宗问）今人才乏少，且其学术不一，议论纷然，不能一道德故也。一道德则修学校；欲修学校，则贡举法不可不变。若谓此科尝多得人，自缘仕进别无他路，其间不容无贤；若谓科法已善，则未也。今以少壮时，正当讲求天下正理，乃闭门学作诗赋；及其入官，世事皆所不习。此科法败坏人才，致不如古……于是改法，罢诗赋、帖经、墨义，士各占治《易》《诗》《书》《周礼》《礼记》一经、兼《论语》《孟子》。每试四场，初大经，次兼经大义凡十道，次论一首，次策三道。”

其后复颁行王安石所著的《三经新义》（王氏的诗书周礼注），以为考试取士的准绳。当时一般人对于王氏的主张，多加反对；但自此以后，经义取士则成为定论，历元、明、清诸代都不能逾越经义取士的范围了。

关于王安石改革考试的办法，大略如下：

（1）罢诸科，独存进士。这是因为社会方面尊重进士轻视诸科的风气而引起的。

（2）进士罢试诗赋，改试策论。其帖经、墨义，则考试大义。帖经墨义，专重记诵，大义则需说明义理，发抒意见。

(3) 别立新科明法，以优待不能改业的士子。

(4) 创设“三舍升试法”，增广太学生员额，以学校取士代替科举取士。神宗元丰二年(1079年)，颁令太学置八十斋，斋容三十人，外舍生二千人，官员的子弟得免试入学，普通士子积岁月累试，乃得及格。内舍生三百人，上舍生百人。“外舍”每月举行“私试”一次，由学官自考；每岁举行“公试”一次，降敕差官主考。其行艺列在第一第二两等的升入“内舍”。“内舍”间岁举行“舍试”一吹，其成绩入优、平二等的升入“上舍”。“上舍”每年春季秋季各举行考试一次，分为三等：俱优为上，一优一平为中，俱平或一优一否为下。上等命以官，中等免礼部试，下等免解。“舍试”俱用弥封誊录一如“贡举”的方法，由皇上降敕差官主考。

安石的新法，原欲对当时取士制度为一根本的改革，造成一种开明而又合理的教育制度普及于社会，原意未尝不善；但因其立法本身受现实的牵制，也不免发生流弊，不能尽如理想，以致引起当时一般人的剧烈反对，其理由是诗赋声病易晓，策论汗漫难知，因此详阅试卷发生困难。其实诗赋不能切合实际应用，即使取舍公平，又有何益？诚如苏轼所说：“以学问论，经义策论似较诗赋为有用；以实际论，则诗赋与策论经义同为无用。得人与否，全恃君相有无知人之明！”

平心而论，科举诚不能完全得到理想的人才，但这不过是取士的一种方法，并没有规定，考取以后，任用时的衡鉴，任用后的考课，都可以置诸不论。况且国家取士的途径，别种都很注重经验；或虽注重学识，但非常行办法。只有学校和科举是培养人才和拔擢人才的最好方法。除此以外，更无其他办法比这更好的了。有学识的人，固然未必就能办事；但办事一定需要有学识的地方究竟很多。尤其当国家多故危疑震撼之秋，成败得失，系于千钧一发之际，决大疑，定大策，非具有高深的学识和果决的勇气不为功。古人所谓“宰相必用读书人”，即以此故。况且“人必先知其所事者为何事，然后有欲善其事之心”，所以学识和道德，也有相当的关联。衡鉴之明，固然端赖君相；但君相又如何能向全国众多人民之中，漫无标准地去觅取人才呢？所以总要先有一种方法，就全体人员之中，拔取一部分的优秀人才出来，然后加以简择。科举即是选拔优秀人才的方法，必须注重学识，如何能不予以重视？经义策论固然不免仍嫌空洞，但其与做官所需要的学识有深切的关系，岂能和诗赋一样看待？所以当时旧党的议论，总不免存有门户之见罢了。但在当时，既成为一种势力，于是到了元祐年间，司马光秉政时，王安石所倡行的新法固然废止，旧法却也不能恢复。因为考试是从前一般读书人的进身之阶，如考试内容非其所习，自然要加以反对。王安石变法时，反对者之多，其原因亦即在此。到元祐年间要恢复旧法时，又有一般只习于新法的人也要加以反对了。于是采取折中的办法，分进士为“诗赋”和“经义”两科，南宋以后，即成为定制，连辽、金的制度，也就沿袭采用下去了。

附注：金时“诗赋”“经义”之外，又有“律科”。“经义”“诗赋”称进士，“律科”称举人。又有女真进士科，则但试“策论”，系金世宗时所定的。辽、金的科目，均须经过“乡试”“府试”“省试”三试。“省试”由礼部主持，即明、清的“会试”。元、明、清三代，都只有“会试”和各省的“乡试”。

后之论者，深以宋熙宁间，议建学校，变贡举，罢诗赋，问大义，此三代以下的一大改革，惜乎荆公以无助而败，而后人废其学校的闳议，沿其经义的偏制，贻误国家要政，失培养人才之法，至可惋惜！

关于兴学校、变贡举一端，梁任公氏对此曾加以评论，足为后世的借镜。兹附录之，以供参考：

“凡天下任举一事，必有本末。荆公之议：兴学，本也；变科，末也。本既不行，徒用其末，不成片段，安得不弊！荆公经义取士，未敢谓为善制；而合科举于学校，则千古之伟论也。当时旧执政之党，哓哓争辩，全属意见之言，其传诵后世最近理而乱真者，苏文忠公一疏也。向尝刺其纰缪而条辨之，今略录于下。当今之世，其犹有援此等迂谬之论以相驳诘者，可以此折之矣。苏氏曰：‘得人之道，在于知人；知人之法，在于责实。使君相有知人之明，朝廷有责实之政，则胥吏皂隶未尝无人，而况于学校贡举乎？虽用今之法，臣以为有余。使君相无知人之明，朝廷无责实之政，则公卿侍从，常患无人，况学校贡举乎？虽复古之制，臣以为不足矣。’梁启超曰：‘君相虽曰知人，若欲举天下之士，其才学之可任与否，一望而尽得之，虽尧汤皋禹，吾知其不能矣，则必寄耳目于公卿，公卿寄之牧守，牧守寄之令长，令长可谓亲民者也，然其民之才智与其学行，乌从而知之，则非由学校不为功也。但言责实，不言更新，此固守旧家之常谈也。试问国家之取人，非所以共政事乎？政事之才不足，而设学校以养之，固其宜也。今乃以诗赋、帖括之滥劣，冒其名而充其数，则谁为实而谁为虚矣？胥吏皂隶未尝无人者，古者卒吏皆以通经之士为之，学校之功也。公卿侍从常患无人者，自其入学之始，即务为阿世无用之学；一旦得志，安望其能匡时哉？此无学校之弊也。

吾以为苏氏而不知此义则已，苟其知之，则当推隶其所以然之故，而瞿然于学校之兴，刻不容缓，而尚暇为驳议耶？’苏氏曰：‘夫时有可否，物有兴废，使三代圣人复生于今，共选举亦必有道，何必由学乎？’梁启超曰：‘道有可与民变革者，有不可与民变革者。学而优则仕，学而后入政，此不可与民变革者也。人民社稷，何必读书，此孔子深恶痛绝之言，而苏氏乃摭拾之，何为也？且所谓其选举亦必有道者，道果何若矣？强圣人而从我，圣人岂任受之？’苏氏曰：‘且庆历问尝立学矣，天下以为太平可待，至于今唯空名仅存。今陛下必欲求德行道艺之士，责九年大成之业，则将变今之礼，易今之俗，又当发民力以治宫室，敛民财以养游士，而又时简不帅教者屏之远方，徒为纷纷，其于庆历之际何异。’梁启超曰：‘凡持议者，但当论其议之是不是，不当论其事之成不成。学而不当立，虽庆历规模已定，犹当废之；苟其当立，前事何害。且庆历之仅存空名，正坐朝廷不能责实之弊，苏氏何不申其责实之说，议续旧绪，顾乃因噎废食也。夫人才者，国民之本；学校者，人才之本；兴学所以安国而长民也。欲成大功，不见小利，虽稍劳费，将焉避之。且有司供给之需，养兵饷馈之用，每岁节其一二，可以兴学而有余矣。不彼之争，而斤斤然阻挠安国长民之举，果何心也？范蔚宗推原汉法，且谓倾而未颠，抑而未坠，出于党锢诸贤心力之为，游士果何负于人国乎？先王之教其民若诲其子弟，故既有选秀之升，而亦有不帅教之罚，上下一体，痛切相关，此太平之所由也。后世去古既远，不明先王之意，徒据今日之弊政以绳古制，宜其以为笑矣。”苏氏曰：‘夫欲兴德行，在君人者修身以格致，审好恶以表俗，若欲设科立名以取之，则是教天下相率而伪也。上以孝取人，则勇者割股，怯者庐墓；上以廉取人，则敝车羸马，恶衣菲食，凡可以中上意者无所不至，德行之弊，一至于此。’梁启超曰：‘科名之不足以得贤才固也，盖其本源必在学校也。若修身格物之说，乃俗儒迂言，能制人之口，不能服人之心，其于辩才斯为下矣。汉以孝廉取士，而一代名节出焉。虽云伪也，其视唐之进士，怀温卷趋拜马下者何如矣？自魏武下令，再三求负污辱之名，见笑之行，不仁不孝而有治国用兵之术者，此后廉耻道丧，播其流风，极于五季，其视割股、庐墓、恶衣菲食之为伪者又何如矣？苏氏本以气节自任，今乃以意见之故而发为此言，真非吾之所敢闻也。”苏氏曰：‘虽知其无用，然自祖宗以来莫之废者，以为设法取士不过如此也。’梁启超曰：‘吾闻大易之义，干父之蛊谓之吉，裕父之蛊谓之吝。今既谓为无用，则当更求其所谓有用者，以匡厥不逮，今乃悉举而归罪于祖宗，以为制度虽坏，吾不任其咎，此岂仁人孝子所忍言哉？且祖宗之法，非祖宗所自创也，因前代之弊而已，前代又因其前代之弊而已，推而上之，以至于古人立法之始，则其法固未尝如是也。历代相沿，不思振刷，逐渐流变，遂成今日。然则所谓法者，不过成于泄沓庸臣之手，而非祖宗之意，以为不如是不可为治也。令乐于师庸臣而惮于法先王，此太平之道所以千岁而不一遇也。自汉迄今，取士之法，已不知几易，今乃谓不过如是，其谁信之。’”（《饮冰室文集》）

以上梁氏对于苏子瞻氏对王荆公意气之争，所作评论，可谓淋漓尽致，鞭辟入里了。

附表：宋初贡举考试科目表

科目/内容/类别	明法	学究	三史	通礼	三传	三礼	五经	九经	进士
文									诗赋论文各一首
策									五道
帖经							帖书八十条	帖书一百二十条	论语十帖
墨义	律令四十条兼经墨义五十条	墨义毛诗五十条论语十条周易尚书各二十五条尔雅孝经各十条	墨义三百条	墨义三百条	墨义一百十条	墨义九十条	墨义五十条	墨义六十条	春秋或礼记十条

附表：熙宁以后分场考试进士科目表

时代 内容 场别	建炎	绍兴	元祐	熙宁
第一场	诗赋各一首 习经义者本经义三道 论孟义各一道	同熙宁	本经义二道 论孟义各一道	本经大义
第二场	论一道	同熙宁	赋及律诗各一首	兼经大义十道
第三场	策三道	同熙宁	论一道	论一道
第四场		同熙宁	子史时务策一道	策五道

二、制举科

制举亦称“制科”，又称“贤良科”，在宋代又称“大科”，这是仿照汉、唐两代的遗制，为一种非常设置的考试制度。《宋史·选举志》载：

“制举无常科，所以待天下之才杰，天子每亲策之。”

此科的立意是师承前代选举辟召的办法，罗致奇伟瑰异的人才，以免沉沦草泽，湮没无闻，故特设此科，以期人尽其才，才尽其用。但因当时考试的科目侧重文艺，进士科又有“将相科”之称，一般士子都致力于记问、词章、帖括之中，以求得一进身之阶；其不能以进士、明经贡举的，则多为椎朴无文之辈，欲别求出路，乃夤缘州郡以应制科之举，荐举以后，往往应对不称上意，甚至贻留笑柄的也不乏其人，以致有负人君搜求贤能的期望，所以这一科在有宋一代，亦因之屡废，至有三次之多。兹略述如下：

（一）两宋制举的沿革

1．太祖时期

乾德二年（964年）二月，准兵部尚书张昭之奏，仿照五代周世宗显德年间的制举成例（五代周世宗显德四年，诏天下诸色人中，有贤良方正能直言极谏，经学优深可为师法，详娴吏理达于教化者，不限前资现任职官，黄衣草泽，并许应诏），设置下列三科：

（1）贤良方正能直言极谏科（唐开元二年设此科，属贤良忠直类）；

（2）经学优深可为师法科（唐属特科儒学题）；

（3）详娴吏理达于教化科（唐属特科吏治类）。

以上三科应举的，不限前资现任职官，即黄衣草泽之士，也都许应诏对策。乾德初，以郡、县士子应举的，深恐有司的荐举犹有遗漏，乃下诏准许士子到京城来自荐。

同年四月，太祖亲策“贤良方正能直言极谏科”，结果博州判官颖质及第。

乾德四年（966年），有司举“直言极谏”“堪为师法”两科，郝益、姜涉二人应举，召陶穀、宝仪等发策，帝至御殿临轩试之，给以砚席，坐在御殿的西边，所对之策，词理疏阔，所答非所问，乃赐酒馔予以慰劳后，使之退出。

开宝八年（975年），下诏诸州、郡察举“孝弟力田”“奇才异行”，或有文武才，年二十至五十可任使者，送阙下；如无人应诏，亦以实闻。

开宝九年（976年），诸道解送七百四十人，太祖诏翰林学士李昉等，于礼部贡院试问所习之业，所对均无足取者。而濮州以“孝弟”举荐的有三百七十人，太祖颇讶其多，亲自召问于讲武殿，多不能合格。犹称素能习武，遂复试以骑射，又皆陨越颠沛失次，帝给彼等说："是宜隶兵籍。"众见无官可做，又要当兵，于是皆号告求免，乃教退出，而劾官司滥举之罪（唐太宗时，亦有此种情形。唐太宗贞观十八年，引汴、鄜诸州所举孝廉，赐坐于御前，上问以皇王政术；及皇太子问以会参说孝经，并不能答。太宗谓曰："昔楚庄王言事，群臣莫逮，退而有忧色曰：'诸侯能自得师者王，自谋而莫己若者亡。今以不榖之不德，群臣莫能逮，吾国其几于亡乎！'朕发诏征天下俊异才，以浅近问之，咸不能达，海内贤哲，将无其人邪？朕甚忧之！"）。

2. 真宗时期

景德二年（1005年），因盛度建议（《宋史·盛度列传》：度举进士会试学士院，真宗时人。初度谪洪州，建议复贤良方正科，又诸建四科以取士曰：博通坟典达于教化科，才识兼茂明于体用科，军谋宏远堪任将帅科，明晓法律能按章覆问科），参照太祖乾德年间的三科，增为下列六科：

（1）贤良方正能直书极谏科；

（2）博通坟典达于教化科；

（3）才识兼茂明于体用科；

（4）武足安边洞明韬略科；

（5）运筹决胜军谋宏远材任边寄科；

（6）详明吏理达于从政科。

以上六科，又把唐代特科的"儒学类"和"武类"加入，较之太祖时期的三科，自为充实。真宗会于景德三、四年间，接连着御试制科举人。到了真宗大中祥符年间，时有上封事者，奏言两汉举"贤良"，多因兵荒灾变，所以询访阙政；今国家受瑞登封（真宗此时已东封过泰山），不当复设此科。于是即行停止，这是宋代“制举科”的第一次罢辍。

3．仁宗时期

范仲淹等请求恢复“制举”，尤以夏竦执政以后，恢复“制举”之议，更为积极。天圣七年（1029年）正月因下诏说：

“朕开数路，以详延天下之士，而‘制举’独久不设，意者吾豪杰或以故见遗也，其复置此科。”

于是增其名目如下：

（1）贤良方正能直言极谏科；

（2）博通坟典明于教化科；

（3）才识兼茂明于体用科；

（4）详明吏理可使从政科；

（5）识洞韬略运筹帷幄科；

（6）军谋宏远材任边寄科。

以上科目凡六。又诏内外京朝官，不带台、省、馆、阁职事，未会犯赃罪及私罪情理轻者，许少卿监以上奏举，或自进状乞应前六科。又置：

（7）书判拔萃科。这是便待士子之应考书判的。

又仿照唐代的特科，优待布衣之士被举的，增列下列三科：

（8）高蹈丘园科；

（9）沈[沉]沦草泽科；

（10）茂材异等科。

以上共为十科，原有的六科，加以恢复后，再增加四科。

天圣八年（1030年）六月，仁宗亲试“书判拔萃科”。同年七月，并试“制科”举人。

天圣九年(1031年)七月，御崇政殿策试“制举”，录取“贤良科”何泳，“茂材异等科”富弼。

景祐元年(1034年)六月，策试“制举”，录取“贤良科”苏绅，“才识兼茂科”吴育，“茂才异等科”张方平。

宝元元年(1038年)七月，策试“制举”，录取“贤良科”田况、张方平(张为再举制科)，“茂材异等科”邵元(因与宰相张士逊有亲戚关系报罢)。

庆历二年(1042年)八月，策试“制举”，录取“才识兼茂科”钱明逸。六年七月，录取“贤良科”钱彦远(钱明逸之兄)。

皇祐元年(1049年)八月，策试“制举”，录取“贤良科”吴奎。

嘉祐二年(1057年)，策试“制举”，录取“才识兼茂科”夏噩。四年，录取“才识兼茂科”陈舜俞，“贤良科”钱藻。六年，录取“贤良科”王介、苏轼、苏辙。

综合仁宗一朝的“制举科”，共录取了十六人，多为宋代的名臣。

在仁宗时代，因有“武举”考试，往往和“制举科”混合举行，因之朝廷待“制科”举人之礼不如宋初的隆重，宋庠因建议以为这样不能优待士子，宜如本朝初年的故事，命有司设次具饮膳，把“武举”分开来考试，仁宗采纳此议，从此“制举”才和“武举”分别举行。

在仁宗景祐元年间，当时距恢复“制科”也才有五年的时间，李淑上书说：

“吏部故事，选人以格限未至者，能试判三节，谓之‘拔萃’，此特有司之事耳，而陛下乃亲策之，非其称矣。又‘茂材异等’，本求出类之隽也，而士之不利乡荐者，始出而应焉。臣以为此二者，皆非国家求才之本意也，宜有以易之。”

于是罢“书判拔萃科”；并令幕职州县官皆得应“贤良方正能直言极谏”等科，诸常试乡举被黜者，毋复应“茂材异等”科。

其后十余年间，义诏：“自今‘制科’须近臣论荐，毋得自举。”又于庆历六年六月，诏“制科”随礼部贡举。

4. 英宗时期

英宗在位时期甚短，仅于治平二年（1065年）九月，因灾异之故，举行了一次“制举”考试。

5. 神宗时期

熙宁三年（1070年）九月，策试“贤良方正科”。七年，吕惠卿上疏说：“制科止于记诵，非义理之学；且进士已赋策，与制科无异。”于是下诏罢“制举”。这实在因当时出了两件事端，神宗才采纳吕惠卿的进言，把“制举科”罢辍。第一件是因孔文仲应“直言极谏科”，对策九千余言，力言王安石所建理财、训兵的方法不对，考官宋敏求把他列为异等，安石怒奏神宗，御批罢归，虽经范镇力争：“以直言求之，而又罪之，恐为圣明之累。”亦不听（神宗之量，不及仁宗远甚，《宋史》：苏辙与兄轼同登进士，又同策制举。仁宗春秋高，辙虑或倦于勤，因极言得失，而于禁廷之事，尤为切直。其对策曰：“陛下即位三十余年矣，平居静虑，亦尝有忧于此乎？臣伏读制策，陛下即有忧惧之言矣。然臣愚不敏，窃意陛下有其言耳，未有其实也。往者宝元、庆历之间，西夏作难，陛下昼不安坐，夜不安席，天下皆谓陛下忧惧小心，如周文王然。自西方解兵，陛下弃置忧惧之心二十年矣。古之圣人，无事则深忧，有事则不惧。夫无事而深忧者，所以为有事之不惧也。今陛下无事则不忧，有事则大惧，臣以为忧乐之节易矣。臣疏远小臣，闻之道路，不知信否？近岁以来，宫中贵姬，至以千数，歌舞饮酒，欢笑无度，坐朝不闻咨谟，便殿无所顾问。三代之衰，汉唐之季，女宠之害，陛下亦知之矣。久而不止，百蠹将由之而出。内则蛊惑之所污，以伤和伐性：外则私谒之所乱，以败政害事。陛下无谓好色于内，不害外事也。今海内穷困，生民怨苦，而宫中好赐，不为限极，所欲则给，不问有无，同会不敢争，大臣不敢谏，执契持救，迅若兵火。国家内有养士养兵之费，外有契丹西夏之奉，陛下又自为一阱，以耗其遗余，臣恐陛下以此得谤，而民心不归也。”策入。辙自谓必见黜。考官司马光第以三等，范镇难之。蔡襄曰：“吾三司使也，司会不敢争之言，吾愧之，而不敢怨。”唯考官胡宿以为不逊，请黜之。仁宗曰：“以直言召人，而以直言弃之，天下其谓我何？”宰相不得已，置之下等，即第四等，授商州军事推官)，于是君相遂有罢辍此科之意。第二件为陈彦古应“制举”于秘阁，考试时，不识题目的出处，字又不足数，准式不考。这是自秘阁试“制科”以来，未有如彦古的空疏一至于此的。于是于彦古应“制科”考试的次年，罢辍“制科”。这是宋代“制举科”的第二次罢辍。

6．哲宗时期

哲宗初立，高太后当政，一反神宗时听信王安石、吕惠卿之所为，于是在哲宗元祐二年（1087年），再行恢复“制举科”。元祐三年，哲宗亲御集英殿，策试“贤良方正能直言极谏科”。元祐六年，又试同上科目一次。及高太后崩后，哲宗于亲政的次年改元绍圣，复以章惇为相，把元祐时代的许多政命，予以更改。在绍圣元年（1094年）八月，又下诏罢“制举科”。其理由和吕惠卿所说的差不多。即为：“制科试策，对时政得失，进士策亦可言之，何用此为?”这是宋代“制举科”的第三次罢辍。

7. 南宋高宗时期

绍兴元年（1131年）正月，诏复“制举”。二年，才正式下诏恢复“贤良方正能直言极谏科”，惜无应诏者。又于绍兴十四年三月、十七年五月、三十二年三月，凡三次下诏举“贤良方正”，亦无应诏者。

8. 孝宗时期

乾道七年（1171年）春，策试“制举”，李垢得旨召试，孝宗特御殿引见，赐“制科”出身。

淳熙四年（1177年），策试“制举”，应试者多未能及格。七年和十一年两次诏举“贤良方正能直言极谏科”，惜无应诏者。

9. 宁宗时期

嘉定八年（1215年），诏举“贤良方正能直言极谏科”，何致应试，因论文中有诋诬语罢归。

10. 理宗时期

宝庆元年（1225年）正月，诏举“贤良”，惜无应诏者。

有宋一代，对于“制举科”和“进士科”的看法，以“制举科”为较高。应“制举”者，有官无官皆可；但应试者多在获中进士以后，很少有获中“制举”再应“进士科”者（《宋史》列传中，如钱易、余靖、孙洙、陈舜俞、李若拙、阎询、吴育、蒋之奇、吕夷简、苏轼、苏辙等，均系先登进士科，再举制科者。尤以状元孙何、孙暨，亦于咸平四年以贤良方正登科）。

邵氏《见闻录》载：

“富弼初游场屋，穆伯长谓之曰：‘进士不足以尽子之材，当以大科名世。’”（按，大科即制举）《宋史·富弼传》亦载：

“仁宗复制科，范仲淹谓弼曰：‘子当以是进举茂材异等。’”

又宋代的馆职（即直史馆、昭文馆、集贤院之官）比较高尚，为最难得之缺。《宋史·选举志》载：

“（右正言刘安世建言）祖宗之待馆职也，储之英杰之地，以饬其名节，观以古今之书，而益其聪明。稍优其廪禄，不责以吏事；所以滋长德器，养成名卿贤相也。”

由以上的记载，足见宋代对于“制举科”的重视了。是以考取以后，较之正科实为优待；（宋叶少蕴《避暑录话》卷下：“故事制科必先用从官二人，举上其为文五十篇，考于学士院，中选而后召试。得召者，不过三之一……即用为崇文馆编校书籍，遂见进用，不复更外任，盖犹愈于正科也。”）且不出数年，即可获得美官。司马光《涑水记闻》载：

“鲁平言制举科之状曰：宋初以来设制科……有官者举‘贤良方正’，无官者举‘茂材异等’……皆自投牒献所著文论，差官考校。中者召诣阁下，试论六首；及中选，则于殿廷试策一道，三千字以上，其中选者不过一二人，然数年之后，即为美官。”

综计宋代“制举”登科的，共为四十人，位至宰相的，仅富弼一人。另有位至执政的凡九人，即夏竦、吴育、张方平、田况、吴奎、邵元、苏辙、李清臣、范百禄等。

（二）两宋时期与制举类似的科名和考试

1. 博学宏词科

当真宗大中祥符年间，听信上封事者之言，罢辍“制举科”，但据《宋史·选举志》所载：吏部设“宏词”“拔萃”“平判”等科如旧。到了哲宗绍圣元年，第三次罢辍“制举”，三省上言：“唐世取人，随事设科，其名有‘词藻宏丽’‘文章秀异’之属，究其所试，皆异乎进士、明经。今既复旧科，纯用经术，诸如诏、诰、章、表、箴、铭、赋、颂、赦、敕、檄书、露布、诫、谕，其文皆朝廷官守日用而不可阙，先朝已尝留意，特科目未及设耳。”

哲宗遂于绍圣二年（1095年）建立“宏词科”，每岁许进士登科的，赴礼部请试；若现守官须受代乃得应试。都以春试上舍日附试，按照进士的规例；唯诏、诰、赦不以为题。所赋者章、表、露布、檄书用四六；颂、箴、铭、诫、谕、序、记用古体，亦不拘四六。考官取四题分二日就完。试者虽多，录取名额不得超过五人。中式的上之三省，三省覆视，分上中二等，分别任用。

徽宗大观四年（1110年），改“宏词科”为“词学兼茂科”，于科举之年，附贡士院试，录取名额不得超过三人，完全不中式的从阙；较前为严（政和中又增为五人），仍不试檄书，增试制诏。分二日试完，其四题，其中二题是历代史事的借拟，余二题以本朝典故或时事命题。宰臣执政的亲属，不得应试。

到了南宋高宗绍兴三年（1133年），又就北宋的“词学兼茂科”改为“博学宏词科”，凡试十二题，于制诰、诏、表、露布、檄、箴、铭、记、赞、颂、序之类杂出六题，分为三场考试，每场一古一今，应试人先投所业三卷，朝廷降付学士院，考其能者召试。

到了理宗嘉熙三年（1239年）以后，以“词科”考试太严，更降等立科，止试文词，不责记问命题，只分两场引试，须有出身的人，就礼部投状献业，如试教官例，唯取合格，不限额数，其科目则去“宏博”二字，只称“词学科”。

按，“博学宏词科”，属于唐代的“特科”，也就是当时“制举科”的一种，即后世到了清代，也把这一科列为“制科”。宋的“宏词科”，是从哲宗绍圣年间“制科”取消以后而设立的，这好像是代替“制举”而成为一种非常科目。此项考试，初次举行时，限定进士和现守官之受代的应试；在南宋的先期，缴纳业卷和必召试定等而后才能授官，这和“制科”考试的历程似乎相同，是以《宋史·选举志》、马端临《文献通考》、顾亭林《日知录》等，都把此科列入“制科”之中；但也有人说：“‘制举科’的举行，在求直言之士，如唐代刘宝的对策，即属于此类；‘宏词科’的举行，在求文学博异之士，如唐代韩愈所对《颜子不贰过论》(洪兴祖《韩昌黎年谱》：公年二十六，博学宏词试《太清宫观紫极舞赋》《颜子不贰过论》)，即属于此类。”又此科在南宋时代，三年一下诏，即三岁一试，此与“制科无常科”的规定亦异。所以王应麟《困学纪闻》一书，特将“宏词之论”“制举之策”并列，而不以“宏词”为“制科”，即由于此。因“制科”在对策，“宏词”则不对策，此为二者重大的区别。但吾人依据《宋史·选举志》、马氏《文献通考》和顾亭林《日知录》的归类，列“宏词”于类似“制举科”，亦无不可。

2. 百篇科

太宗太平兴国五年（980年），有赵昌国求应“百篇举”，谓能在一日之内，作诗百篇，太宗乃出杂题二十字为：“松、风、月、雪、天、花、竹、鹤、云、烟、诗、酒、春、地、雨、山、僧、道、柳、泉。”令各赋诗五篇，每篇八句，从早到晚，仅做成数十首，也没有什么好的诗。不过太宗以此科久废（唐代“制举科”中有“日试百篇”的一项科目，到了宋代初年，即很少有应此科考试的），特赐及第，以劝来者。乃诏有司，以后如有应“百篇举”的，约以此题为式。

3．元祐十科

神宗时，王安石变法，把仁宗时代的“制科”完全取消；到了哲宗元祐元年，司马光为相，一反王安石的所为，定下了“十科取士法”，颁行天下，其名称如下：

（1）行义纯固可为师表科（有官无官的人皆可举）；

（2）节操方正可备献纳科（举有官的人）；

（3）智勇过人可备将帅科（举文武有官的人）；

（4）公正聪明可备监司科（举知州以上的资序）；

（5）经术精通可备讲读科（有官无官的人皆可举）；

（6）学问赅博可备顾问科（同上经术举人）；

（7）文章典丽可备著述科（同上经术举人）；

（8）善听讼狱尽公得实科（举有官的人）；

（9）善治财赋公私俱便科（举有官的人）；

（10）练习法令能断清谳科（举有官的人）。

以上“十科”的名称，虽然和仁宗时代的“十科”名称不同，但亦系参考而订定的，且其内容和唐代“制科”名称略有相同，如第三“智勇过人可备将帅科”，在唐开元年间，即有“将帅科”，又有“智谋将帅科”。第七“文章典丽可备著述科”，在唐开元年间有“文辞雅丽科”，天宝年间有“文词透逸科”，建中年间又有“文辞清丽科”，其科目大致相同，可见司马光当时建立“十科”的用意，是注意到“制举”，并非专为升官而定。且其中第一、第五、第六、第七四科，无官的人如具有各该项才干的，也可以被举，则更与“制举”的意义相似，不过总是偏于举官的一种办法罢了。

元祐“十科”，因司马光居相位仅有八个月，不久即无形停顿；不过到了南宋高宗绍兴三年（1133年）十一月，又恢复了元祐“十科举士”的办法。

按“十科”的性质，既非一种“常科”，又非如对策式的“制科”，只好把它列入类似“制举科”的考试了。

4．八行科

在哲宗元祐年间，曾创行“经明行修科”，主“德行”而略文艺，是从哲宗以后，国家取士又特别注意“德行”的科目。到了徽宗大观元年（1107年），蔡京为相，又建立了“八行科”，也是一种“特科”，其名目如下：

（1）善于父母为孝；

（2）善于兄弟为悌；

（3）善于内亲为睦；

（4）善于外亲为姻；

（5）信于朋友为任；

（6）仁于州里为恤（以上为周礼的六行）；

（7）知君臣之义为忠；

（8）达义利之分为和（以上为周礼六德之二）。

凡具有以上八行实状的人，乡上送到县，县送入学校，审查无伪举情事，乃复上其名于州，州再分别等第：（1）孝、悌、忠、和为上等；（2）睦、姻为中等；（3）任、恤为下等。如具备“八行”的，不久即可奏贡入“太学”，免试、补为上舍生。不能全备的，则为州学的上等上舍生，其余也分别入学。到了徽宗政和三年（1113年），诏有官职的人也准许应举“八行科”了。

5．召试馆职

宋代初年，以史馆、昭文馆、集贤院为“三馆”，皆属崇文院（《宋史·职官志》）。太宗端拱元年（988年），诏就崇文院中堂建秘阁，择“三馆”真本书籍万余卷，和内出古画墨迹藏其中。凡值馆、值院的谓之“馆职”，以他官兼任的谓之“贴职”。当初升入“馆职”的有三途：即（1）进士高科（前五名）；（2）大臣荐举；（3）差遣例除（《宋史·选举志·制举》一项载：先是英宗谓中书曰：“水潦为灾，言事者云，咎在不能进贤。何也?”欧阳修曰：“近年进贤路狭，往时入馆有三路，今塞其二也。进士高科，一路也；大臣荐举，一路也；因差遣例除，一路也。往年进士五人以上皆得试，第一人及第，不十年有至辅相者，今第一人两任方得仕，而第二人以下不复试，是高科路塞矣；往时大臣荐举即召试，今只令上簿候缺人乃试，是荐举路塞矣；唯有因差遣例除者，半是年劳老病之人，此臣所谓荐举路狭也。”）。其中除“进士科”第一名可以免试入“馆职”，其余皆须召试（如欧阳修以进士第一，未经召试，即除馆职）。

按，“馆职考试”为一种高级考试，即“进士科”获隽后，才能应“馆职考试”，此与“制科”相似的第一点；“制科考试”以策论，“馆职考试”亦以策论，此与“制科”相似的第二点；“制科”试策论时由天子亲试，南宋高宗时试“馆职”的时务策，亦由天子亲览，此与“制科”相似的第三点。是以《宋史·选举志》把“馆职考试”列入“制科”，马氏《文献通考》引述石林叶氏所说：

“富公（指富弼）以‘茂材异等’登科后，召试‘馆职’，以不习诗赋求免，仁宗特命试以策论，后遂为故事，‘制科’

不试诗赋，自富公始。”

这更是直认“馆职考试”为“制科”了。后人的著述中，以“馆职考试”为“制科”的，亦所常见。不过“制举科”的考试，自有其汉、唐以来相沿的历史性，在举行时，多为天子临轩策试，非常隆重；而“馆职考试”，有时在学士舍人院举行，或天子派人专试，且一试即可，其形式亦较“制科”为简单，实够不上种“制举”，所以我们把它列入类似“制举科”，即以此故。

此外则为真宗大中祥符年间，有东封泰山和北祠汾阴后土之举，会令沿途士子献文，天子加以考试，因而得官者颇多。据《宋史》载：

“大中祥符元年（1008年）十月，以封禅令开封府及所过州县考送“服勤词学经明行修”举人，其怀材抱器，沦于下位，及高年不仕，德行可称者，所在以闻。”

于是在大中祥符二年（1009年）六月，御试东封路“服勤词学经明行修”贡举梁固等九十二人；四年十一月和七年九月，又各举行御试“服勤词学经明行修”的考试一次，此亦仿佛是一种“制科”，不过属于临时性质，其形式也较“制科”简单得多，真宗以后，即不举行了。

三、武举科

唐代建立“武举”，选拔将帅之才。五代以来，皆以军卒为将，“武举”之制，久已废置。到了宋仁宗天圣年间，以西边用兵，将帅乏人，当时虽有“制举武科”，但一般士子多愿就“贤良方正”之选，如《历代武举考》载：

“宋仁宗朝，富弼言：‘应制科者，必乐为贤良方正才识兼茂，耻为将帅边寄之名，盖今之人重文雅，而轻武节也。’”

又《宋史·田京传》载：

“京举进士，为经略安抚判官，以武略应‘运筹决胜科’；及试秘阁，与他科偕试六论，京自以记诵非所长，引去。”

这是当时士子仍具有重文轻武观念的反映，所以富弼曾上疏说：

“臣请诏近位及藩镇，于文武官中，各举明兵法，育威果，习练武略，堪任将帅者一二人以献。”

苏洵亦上书请复“武举”说：

“使两制各举所闻，有司试其可者，而陛下亲策之。权略之外，便于弓马，可以出入险阻，勇而有谋者，不过取一二人，待以不次之位，试以守边之任，则人才出矣。”

《宋史·仁宗本纪》：“天圣八年（1030年），帝亲试‘武举’十二人，先阅其骑射，以策为去留，以弓马为高下。”当时“武举”事项，在兵部管辖之下（宋兵部掌兵卫、仪仗、卤簿、武举、民兵、厢军、土军、蕃军、四夷官封承袭之事；舆马、器械之政；天下地土之图……凡武选之制，仿贡举之法，先联其什伍，而教之以战为民兵……其属三：曰职方、曰驾部、曰库部）。其最后策试，是为天子亲试，尝与“贤良方正能直言极谏科”在一起考试的，后来因为仁宗采纳宋庠的建议，文武两科的考试就分开举行了。

到了神宗熙宁年间，已重建“武学”，但生员不到百名。熙宁四年（1071年），王安石为相，建立“太学三舍法”，其时武科考试，就应用“三舍法”的制度到“武学”中去了。元丰三年（1081年），神宗亲试“武举”。四年，诏“武举”罢试“律义”。五年三月，又亲试“武举”一次。七年，武科考试时，关于内场考试，只试孙、吴书大义一场，第一等取四通，次二等三通，三等二通，为中格。又神宗尝谓古者文武不分途，深以文选属吏部，武选属兵部为非是。于是改定文选和武选二者都属于吏部，由吏部的尚书和侍郎分主其事，即文选由尚书主持，武选由侍郎主持。

哲宗元祐四年（1089年），诏令“武举”的解试、省试，增试策一道。元祐六年（1091年）和绍圣元年（1094年）皆按照实行。

徽宗时代，“武举考试”，又有变更。因当时废除科举制度，凡“文举”“武举”皆用“三舍法”的制度，录取人才。

钦宗靖康元年（1216年），以当时金兵进逼，情势危急，已不能按“三舍法”选拔“武科”的人才，曾下诏“诸路有习武艺知兵书者，州长贰以礼遣送诣阙，毋限数额”，天子将亲策录用，这仿佛文科的“制举”，但已无多大的效果。这是北宋时代“武科考试”的大概情形。

南宋之世，科举和“三舍法”并行，“武举”也是一样；且普通考举，自高宗建炎三年（1129年）起已经实行。至应用“三舍法”为“武举”发解，则从绍兴十六年(1146年)建立“武举”时开始。又为便于地方较远的人士来应“武举”，仿照文科的例子，也有川、陕类省试的规定，这是南宋时代“武科考试”的大概情形。

四、学选科

“三舍法”与科举的关系。宋代的学校，大抵承袭唐制，而逐渐地科举化。神宗熙宁年间，王安石为相，行“三舍法”，竟取科举的地位而代之了。所谓“三舍”，即分学校为“上舍”“中舍”“下舍”三级，以其学业的成绩，分为“公试”和“私试”，月考而岁校之，依次升舍，“上舍”学生成绩最优的免发解和礼部考试，而特赐及第，是为“三舍法”。“三舍法”初与科举并行，及熙宁中罢科举，悉以“三舍法”取士。岁试“上舍”，悉差知举，一如礼部举行的考试。至地方州、县的学校，亦行“三舍法”，入学和升学，皆用考试，而“三舍法”遂普遍施行于天下了。此法行之颇久，南渡后虽亦参用科举方法，而大抵终宋之世，“三舍法”与科举是并行的。关于“三舍法”与考试有关的部分，详见第二节“宋代与科举有关的教育制度”。

第二目　宋代科举的规则

宋代有关考试的各种规则，其最重要的，则有“保任”“编号”“誊写”等制。《宋史·选举志》载：

“(宋真宗)景德四年(1007年)，命有司详定考校进士程序，送礼部贡院颁之诸州。士不还郡里而窃户他州应选者严其法。每秋试自县令佐察行义保任之，上于州。州长贰复审察得实，然后上本道使者类试。已保任而有缺行，则州县皆坐罪。若省试而文理纰缪，坐元[原]考官。诸州解试，额多而中者少，则不必足额。寻又亲定试进士条制，凡策士即殿两庑张幕列几席，标姓名其上。先一日表其次序，揭示阙外，翌旦拜阙下乃入就席。试卷内臣收之，付编排官去卷首乡贯状别，以字号第之，付弥封官誊写校勘用御书院印，付考官定等毕，复弥封送覆考官，再定等。编排阅其同异，未同者再考之，如复不同，即以相附近者为定。始取乡贯状字号合之，即第其姓名差次，并试卷以闻。”

其他如“糊名”的制度，行于太宗淳化年间，而诸州的

“糊名”，从仁宗明道年间开始；“易书”的制度，行于真宗祥符年间，而诸州的“易书”，从仁宗景祐年间开始。真宗祥符年间有“挟书”之禁，仁宗庆历年间有“冒贡”之禁。并采纳温仲舒的建议，封印卷首；采纳戚纶的建议，严禁秉烛；采纳张士逊的建议，避亲移试；采纳贾昌朝的建议，随侍就试。到了宋代末年，左谏议大夫朱端以为举人的弊端凡五：(1) 传义；(2) 换卷；(3) 易号；(4) 卷子出外；(5) 誊录灭裂。于是又有“锁闱”和“封镭卷匮”各种制度。此外有数点，不能不为之一提的，兹特略述如下：

1. 宋代科目名称虽多，但比较普通的为贡举诸科；贡举诸科又以明经、进士两科为最普通，而进士较明经更为重视。明经为“学究”之类，侧重经义的记忆；进士则侧重才华。两科考试，礼遇相差极远。礼部贡院于考试进士时，设位供张甚盛，有司具茶汤；考试学究（即明经）时，则尽撤帐幕毡席，亦无茶汤，渴饮砚水，致举子的口唇尽成黑色，故欧阳修有“焚香礼进士，撤幕待明经”之语。于此可见待遇明经的苛刻了。其原因并非朝廷有意为难他们，乃防止毡席和供应人私传所试的经义，因会有此类事件发生，故预先加以防范（沈氏《笔谈》，《通考》卷三十一）。诸科就试，均禁“挟书”；进士虽禁“挟书”，而“玉篇”“切韵”不禁，且不加搜索（《通考》卷三十）。因“进士科”的考试，并不注重记忆，对于“挟书”的影响并不甚大。

2. 宋代的科举制度，虽沿袭唐制，亦有改进之点：

(1) 诸科名额的增加。唐代每年“进士科”及第人数，通常在五十人以下。宋太祖时，增加到九十六人；太宗时，“进士科”多至一百九十人，诸科二〇七人；真宗时，贡举人集阙下万四千五百人，取进士王曾等三十八人，九经诸科一百八十人，两科共二百十八人，约六十六人取一人（《通考》卷三十一）。其后余取名额，随时变动，有多至五百余人者，比之唐代，增加甚多。

（2）奖进平民，抑制贵族。唐代的科举，很顾及素望和门第，贵族子弟每得有优先的机会。宋代力惩其弊，太祖时，诏食禄之家有登第的，礼部具析以闻，当令覆试；太宗时，令考官的亲戚别试，以防关节。于此可见共抑制贵族奖进平民的美意了。

（3）考试法规更加严密。隋、唐的进士考试，无“覆试”之制，武后的殿试贡士，是特代考功郎行事的，并非“覆试”。其后有因怀疑或考官被告而加以“覆试”之事，但未着为定例。“覆试”之着为定例，则起自太祖开宝八年（975年）。太宗淳化三年（992年），“殿试”始令“糊名”；真宗景德四年（1007年），令礼部“糊名考校”。富弼说：“省试有监守巡察糊名誊录”之法；欧阳修说：“糊名誊录而考之，使主司莫知为何方之人，谁氏之子，不得有爱憎厚薄于其间。”项安世亦说：“科举至于本朝，法令始密。”（《通考》卷三十、三十一）

（4）录取后的待遇。宋代的进士考试，自太祖开宝以后，例须经过“殿试”，以昭慎重。太宗时，殿试进士，以三甲发榜。真宗时，又分为三甲五等：一、二两等的为第一甲，赐以“进士及第”；三等的为第二甲，赐以“进士出身”；四、五两等的为第三甲，赐以“同进士出身”。“省试”（即尚书省礼部试）第一名称“省元”，“殿试”第一名称“状元”。凡进士及第后，即令卸除常服，授以官职，不必经过吏部的考试；这是和唐代不同的。及第者不但授官，而且有很优厚的赏赐和隆重的宴会，当时认为无上的光荣。

总之，宋代考试制度，方法甚为严密，可说现代防止考试舞弊的各种方法，都已先后施行，而为此后历代举行考试时有关试政试务各方面所取法了。

综观以上所述，宋代考试，经礼部考试及第的，即能直接服官职，不须再经吏部考试，此为推行任用考试必要的改革。唯其由“资格考试”一变而为“任用考试”，故考试方法，不得不更为严密，诸如太宗淳化年间的“糊名制”，真宗祥符年间的“易书制”，和“保证”“连坐”“初考”“覆考”等制，都盛行或创始于宋，沿用到现代，仍然具有重要的价值，而不可磨灭的。所以历代对于考试制度的推进，唐代的贡献，在自由独立的精神；宋代的贡献，则为公允缜密的方法，此二者正如考试制度推进前途的两翼，得此即日趋巩固了。

宋代沿袭唐代科举制度，诸科并设，颇有拔取专门人才之意，其后逐渐演进，化繁为简，卒归于“进士科”的一途，实具有下列原因：

1. 才识有通才和专才的区别。凡人的才识，有通达的才具，有专门的才具。通达的可用之于一般的事务官，专门的可用之于一定的技术官。“进士科”所取的为通才，所试的为策论、经义和诗赋，虽未必切于实用，然其人非通文律、识义理、明古今的，即不易中选；“明经”诸科，但能默记条文，熟习方技，即能应选。其人是否聪秀，入政以后能否历练成为通才，都不能预先知道。而当官治民，有时非一技一艺之长所能办理，故明经入仕，止于学官，其他诸科，也各按照所考的类科去做事。因其用途的“通”“专”，致生仕途的显晦，所以唐代的进士录取名额，仅占应考人百分之一二，而登为宰相仕途显达的，乃占录取名额的百分之六十。宋代的宰相，更多属进士出身。当时有“焚香取进士，撤帷待明经”的谚语，亦足见当时人心目中所存观念的轻重了。

2. 试事有难易的判别。“进士科”试策论、诗赋和经义，说到容易，则同为诵读的学问；说到困难，则“进士科”须泛览经史，博涉古今，而且必须先能了然于胸中，然后才能了然于笔下，非有十年以上的诵读、记忆和理解并重的不为功；至“明经”诸科，所应诵读的书籍是可以指定的；其准备的方法，也可以走快捷方式，聪颖的一二年，鲁钝的三四年，就可把应对的条义，略诵于口而简书于策。习之者既易，则应之者自多。应之者多，则录取标准即难。太滥，则得官的机会不易；太苛，则应考人的雄心日沮。所以宋代虽沿袭唐代，诸科并设，而上下之间，虚应故事，也不过视为杂途。因此二者，取专才不如取通才，试通读不如试文艺，故以进士一科为最盛了。

宋代考试制度尚有两项重要的变迁，兹分别略述如下：

1. 经义、诗赋、策论的争端。宋代初年，“进士科”以经义、策论、诗赋和杂文并试，而最注重的在诗赋，逐场淘汰劣等的。仁宗宝元年间，李淑奏请以四场通同比较工拙，不得以一场的得失为去留。欧阳修主张先策论，后诗赋，逐场决定取去。当时一般人多以诗赋声韵易考，策论汗漫难知，天子乃下诏一依旧制。到了神宗熙宁二年（1069年），王安石议罢诗赋，以经义策论试进士，苏轼、赵抃等争之甚力。安石说：“若谓此科尝多得人，自缘仕进别无他路，其间不容无贤；若谓科法已善，则未也。令以少壮时，正当讲求天下正理，乃闭门学作诗赋。及其入官，世事皆所不习。此乃科法败坏人才，致不如古。”于是神宗采纳安石的建议，罢诗赋而主策论，废帖、墨而考大义，其式一变，使数百年来帖、墨、记诵的陋习永除，而经文中又有经义的新制作。专用经义取士，凡十五年。但改革后所得不偿所失，考经义反而不如考诗赋，王荆公也不免有“本欲变学究为秀才，不料变秀才为学究”之叹了。哲宗元祐元年（1084年），复以诗赋与经义并行，至绍圣元年（1094年），复罢诗赋，专用经义，凡三十五年。南宋高宗建炎二年（1128年），又兼用经义和诗赋。于此可见熙宁、绍圣年间，则专用经义而废诗赋；元祐、建炎年间，则虽复试诗赋而仍兼试经义，以致诗赋、经义、策论的争端，一直到宋末犹未平息。平心而论，以文取士，则经义不如策论，策论不如诗赋；以实取士，则三者都是末技。根本的要图，仍在学校能于培育人才。

2. 学校和科举的互为盛衰。神宗时，诏以“三舍法”取士，罢州郡科举法。又徽宗崇宁三年（1104年）下诏：“天下科场取士，悉由学校升贡。州郡发解，及试礼部法，并罢。”自此岁试“上舍”，悉差知举如礼部试。四年，诏将来大比，更参用科举取士一次。宣和元年（1119年），复科举，罢“三舍法”，唯“太学”用之。

以上二事，皆是以证明科举和学校的并行，一般士子贪图速成，多弃学校而就科举，宁愿呕尽心血，争一日的短长，不肯积分坐三年的岁月。结果仅取得迂疏无用的空文，以致激成罢科举的议论。但如专以学校发解，或专以学校取士，则又容易发生下列的流弊：

1. 专以学校发解的流弊

（1）学校有名无实，流为科举化。每逢大比之年，寄籍学校的，黉舍为满；考试一停，生徒尽散，博士倚席不讲。

(2)自修人才，无进身之阶。学校以外的人中，无法登庸。

2. 专以学校取士的流弊

(1)造成特殊阶级的政治。宋代当时即有“利贵不利贱，利富不利贫，利少不利老”的谚语。

(2)造成党祸。黉舍万间，集聚京师，上千公卿，旁交诸郡，更相朋党，劫持朝议，流为党锢之祸。

所以学校和考试二者如何配合得宜，至关重要。窃以为学校的目的，在培育人才；考试的目的，在选拔人才。二者是相辅相成，缺一不可的。

第二节　宋代与科举有关的教育制度

自唐代以来，取士皆由科举。学校的制度，大抵等于具文。到了宋代，诸儒常思兴起“国学”，以及州郡的学校，这些也是到了宋代才兴盛起来。在中央方面的学校有“国子学”“太学”“辟雍”和“广文馆”，这些都属于大学性质；有“律学”“算学”“书学”“画学”“医学”和“武学”，这些都属于专门学校性质；有“小学”，是属于小学性质。此外，有几所特殊学校，如“宗学”“诸王宫学”和“内小学”三所，统为贵族学校，内兼高初两等教育性质。另有“四门学”一所，则特为庶民子弟而设立，属于高等教育性质。在地方的学校，州有“州学”，府有“府学”，军有“军学”，监有“监学”，县有“县学”，介于中、小学性质之间，而界限不甚严明。中央的“国子学”“太学”“辟雍”“广文馆”“武学”“律学”和“小学”，统归“国子监”管辖，谓之直系学校。地方学校则由各级所设立的地方行政长官管辖，其上则统属于本路的“提举学事司”。以上各校，设立的先后，教材的内容，试验的情形和教职员、学生的名额，不仅南北两宋不能一致，即每易一君主或换一派阁员亦屡有变更。兹特列一简略的学校系统图和说明如下：

附图：两宋学制系统图

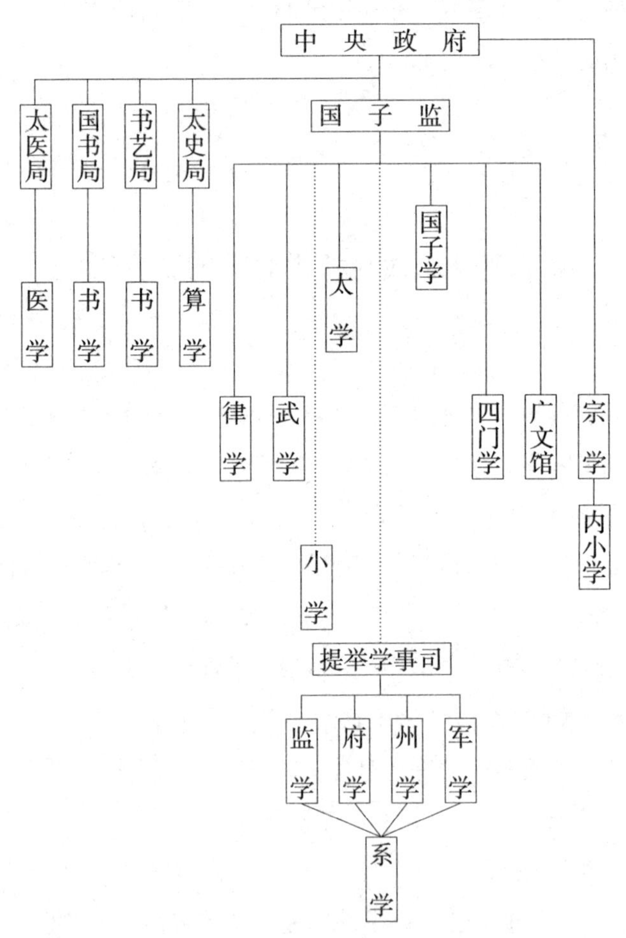

一、国子监

“国子监”有两种性质：一为管辖学校的机关，称“国子监”；一为教养生徒的处所，又称“国子学”。“国子学”为国家最高学府，专教七品以上官员的子弟。当初学生的人数未定，其后以二百人为定额。这些学生，皆以享受太厚，入学读书不过徒有其名，往往名虽在学籍，而实际上是久不到校的。所以在太祖开宝年间，就有插班补缺的办法。到了真宗景德年间，又有旁听的办法了（《宋史·选举志》：“开宝八年，国子监上言生徒旧数七十人，奉诏分习五经。然系错者或久不至，而在京进士诸科常赴讲席肄业，请以补监生之阙，诏从之”）。

二、太学

宋朝以“太学”为最发达，办法亦比较完善。开国之初，所定入学资格，只限于八品以下官员的子弟和庶民的俊秀子弟，内中管理和办事也极其简单。到了神宗熙宁年间，王安石当国，特别注意学校教育，尤其注意大学教育，借以培养一般通经致用的人才，所以他一方面改革从前科举的流弊，一方面扩充“太学”的内容。王氏把“太学”分为“三舍”，又将学生的资格分为三等：初进“太学”的为“外舍生”，由“外舍”升入“内舍”，再由“内舍”升入“上舍”，这就是所谓“三舍法”。兹将该项办法的内容和历年的变更情形，分别略述如下：

（一）入学资格和手续　在神宗熙宁年间，仍照宋初办法，别为二种。到了徽宗崇宁年间，规定由各州“州学”学生每三年选送一次，这时候，原有的科举已停止举行，取士完全由学校升贡。南宋以后，则又有变更。高宗时所定的资格：凡诸道在本州“州学”修满一年，三试中选，未曾犯过第三等以上的惩罚的；或不住在学校，而曾经两次参加“释奠”和被列于“乡饮酒”的，得送入“太学”肄业。此外，到孝宗时有“混补”和“待补”二法：

1. 每三年科举完毕后，所有落第的举人，准许应试，取其程度合格的补入“太学”，谓之“混补”。

2. 其后以就试的过多，乃加以限制，凡诸路解试终场的人，挑选百分之六送往“太学”补试，谓之“待补”。凡各州学生来京入学时、须呈验所隶的本州公文，考试取中后，补入“外舍”为“外舍生”。

（二）名额和学龄　关于“太学生”的学龄，史书没有明文规定，无从考察。关于“三舍”的名额，时有增减，兹列表如下：

附表：宋代太学生名额表

时代 / 学生名额 / 舍别	开禧二年	绍兴十三年	崇宁元年	元丰二年	熙宁四年
上舍	三〇	三〇	二〇〇	一〇〇	一〇〇
内舍	一二〇	一〇〇	六〇〇	三〇〇	二〇〇
外舍	五七〇	五七〇	三〇〇〇	二〇〇〇	不限
合计	七二〇	七〇〇	三八〇〇	二四〇〇	

（三）课程　“太学”的课程，历朝屡有变更。开国初年，以“五经”为教材，命诸生各习一经，每经设博士二人教授。熙宁以后，强令学生学习王氏的《三经新义》，并且通令全国各学校遵用，以求统一。徽宗政和中，蔡京当国，《黄》《老》《庄》《列》等书也都列入教材之中。到了南宋，取消《三经新

义》，仍定“五经”为教材，并学习程、朱《语录》，“四书”也渐渐列入课程之中了。总之，在北宋，王氏学很占优势；在南宋，程氏学颇为风行；而诗、词、赋、策论随时皆采，不分派别。

（四）考课法　对于学生的考课，分为两种：

1. 学行考查：凡学生初进学校以后，由斋长、月谕逐日登记他们的操行和学业。到一季终了时，挑其可选的送至学谕处考查一次。学谕考查过了，过十日再由学录考查，再过十日又由博士考查，最后又由长贰考查，长贰即国子祭酒和司业。一年终了时，由长贰会同教职员评定高下，登记于行艺簿，以为升舍试验的参考（景德间，许文武升朝官嫡亲附国学取解。而远乡久寓京师，其文艺可称，有本乡命官保任，监官验之，亦听附学充贡。《宋史·选举志》：“斋长，月谕书其行艺于籍：行谓率教不戾规矩，艺谓治经程文。”《宋史·职官志·国子监》：“博士掌分经教授，考校程文，以德行、道义训导学者。”）

2. 成业试验：又分为两类：（1）私试：一个月举行一次，孟月试经义，仲月试论，季月试策，由学官主持。（2）公试：一年举行一次，初场考经义，次场试策论。北宋时由学官、南宋时另差人臣主持。

（五）升舍法　凡“外舍生”每年升级一次，即年终举行“公试”后，并参考“行艺”，取其合格的——取列第一等、第二等的——升入“内舍”。凡“内舍生”每二年升级一次。当修满二年时，由学官按照贡举的手续，用“弥封誊录法”，试验其成业。如成业考列优、平二等，再参验其平日“行艺”，如能都合格，则升入“上舍”。凡“上舍生”修满二年，则举行“毕业试验”。当举行“毕业试验”时，由政府特派大员主考，教官不得参与，一切手续与科举的“省试”办法相同。

评定成绩分为三等：“行”“艺”二者俱优的为上等，一优一平为中等，俱平或一优一否为下等。其试列上等的，当即授以官职；试列中等的，免除礼部试；试列下等的，则免解。考列上等的资格和进士一样，即在化原堂释褐，谓之“释褐状元”。凡“三舍”考试，皆用“积分法”，为后世学校积分的创始。

（六）教职员和管理 “太学”除由长贰总管课试升黜教导等事以外，其下设有教职员的数目很多：

1. 博士十人，分掌教授，考校程文，并负训导的责任。

2. 正录（包括学录、学正）各五人，除考校训导，并执行学规，专施惩罚。

3. 职事学录五人，帮助正录执行学规。

4. 学谕二十人，掌管传论博士所授的经书于学生。

5. 值学四人，掌停生徒的簿籍，并稽查出入。

6. 每斋置长、谕（斋长和月谕）各一人，掌管斋务和考校斋生的“行”“艺”，每月举行一次，斋生如有犯规情事，得以随时纠正。

7. 凡正录和学谕皆以学士充任。

按两宋的学令，屡有变更，其经详细规定的有两项：一在神宗元丰二年（1079年），一在高宗绍兴十三年（1143年）。如以上所述，倘能认真地去实行，则宋代的大学教育真有可观了。但章程自章程，事实自事实，国家政局屡有变更，贤与不肖互为起伏，对于在社会久负名誉的“太学”或阴为利用，或放弃不管，自然不能做到名实相符的地步。观朱晦庵《贡举私议》所说：

“熙宁以来，此法寖坏。所谓‘太学者’，但为声利之场，而掌其教事者，不过取其善为科举之文，而尝得隽于场屋者耳。士之有志于义理者，既无求于学，其奔走辐辏而来者，不过为解额之滥，舍选之私而已！师生相视，漠然如行路之人，间相与语，亦未尝开之以德行道艺之实，而月书季考者，又只以促其嗜利苟得冒昧无耻之心，殊非国家所以立学教人之本意也。”

于此亦可见当日的实际情形了。

三、专门学校

宋代于“太学”之外，有“律”“算”“书”“医”“武”诸学，照马端临《文献通考》所载略述如下：

1．律学 “律学”的设置，始于神宗熙宁六年（1073年），由“国子监"直接管理，置教授四人，专任教课。后来乃以教授一人兼管学务，执行学规。其入学资格分为两种：一为命官，一为举人，后者须有命官二人保送。进学手续：初入学听讲，作为备取生，经过相当时间，才举行“入学试验”。如所习为“断案”，则试案一道，每道叙列刑名五事至七事；如所习为“律令”，则试大义五道。经“入学考试”及格后，才为正取生，给以公费待遇。正取以后，各以所习，每月“公试”一次，“私试”三次，所试的内容，和“入学试验”相同。凡朝廷有新颁的律命，即由刑部颁发下来，令学生学习。

2．算学 此学建立于徽宗崇宁三年(1104年)，隶属于“太史局”。学生定额为二百一十人，其资格分命官和庶人两种。教材以《九章》《周髀》和“假设疑数”为算问；仍兼《海岛》《孙子》《五曹》《张丘建》《夏侯阳》算法；并“历算三式”“天文书”为本科。此外兼习一小经，愿习大经的听其自便，兼科皆听自由选习。凡“公试”“私试”和“三舍法”，与“太学”略同。“上舍”三等，可由天子推恩授以官职。

3. 书学　此学于徽宗时与“算学"同时设立，由“翰林书艺局”管辖。课程分“练习”和“研究”两门:“练习”以“篆”“隶”“草”三体为主;“研究”以《说文》《字说》《尔雅》《博雅》《方言》五书为主。此外仍须兼通《论语》《孟子义》，如愿意选习大经的听其自便。练习篆体，以古文“大小二篆”为法;练习“隶体”，以“二王”“欧”“虞”“颜”“柳”真行为法;练习，“草字”，以“章草”“张芝九体”为法。其入学手续和“三舍外降法”略同“算学”，唯毕业后，所派官职，则低一等。

4. 画学　此学与“算”“书”二学同时设立，由“翰林图书局”管辖。入学资格分为二种，即“士流”和“杂流”。课程也分为“练习”和“研究”两门:“练习课程”又分“佛道”“人物”“山水”“鸟兽”“花竹”和“屋木”六科;“研究课程”为《说文》《尔雅》《方言》和《释名》四种书。《说文》一书，则令学生书写篆字，批注音训，其余三书皆设为问答，以学生所了解意义的程度，观察其能否通达尽意。此外有“选科”，“士流”须选习一大经和一小经;“杂流”则诵小经或读律。其入学手续和“三舍外降法”与“书学”略同。

5. 医学　此学设立较早，与“律学”同于太祖统一天下以后即行设立。唯中经变迁很多，初由“太常寺”管辖;神宗时，隶属于“提举判局”;徽宗时，归入“国子监”，后又改隶“太医局”;高宗南渡后，仍设“医局”;孝宗时，废“医局”而存留“医学科”;到光宗时，复置“太医局”。此学分三科:(1)“方脉科”;(2)“针科”;(3)“疡科”。学生名额，前后不一，常以春日为招生之期，“三舍法”与“太学”略同，置有博士正录等员，分掌管教之职。

6．武学　神宗时，于武成王庙内建立“武学”，生徒以百人为额，入学资格有“小臣”“门荫子弟”和“庶民”。入学以后，教以诸家兵法和弓矢骑射等术，并编辑历代用兵成败和前世忠臣义士足以为精神上训练的逐日讲释。有愿试阵队的，酌给兵伍，令他们演习。以兵部郎中掌管学务，选用明悉军事的文武官员为教授。修业期限三年，期满试验及格的酌给官职；其不及格的，留学一年再试。

以上六种专门学校，除“太学”自开国至灭亡三百余年间未尝一日停办，其余五学，时兴时废，仅有“医学"曾普遍于各州县设立，其他只在中央有一所罢了。

四、短期学校

有“广文馆”“四门学”“辟雍”（又名外学）三学，既非大学，又非专门，多由时君或执政大臣的意向，偶尔设置，历时亦极短促。

五、贵胄学校和国立小学

1．贵胄学校有“宗学”“诸王宫学”和“内小学”。

2．国立小学。

至于地方学校，自仁宗庆历以后，州郡也都有“学”，并置教授，以“经术”“行艺”训导诸生，掌理课试之事（《宋史·职官志》）。宋儒文集中常有“州郡建学碑记”，亦可见当时的风气了。

又宋代“书院”的制度，起源于五代时期，因当时天下大乱，弦歌几至中断；但长江流域，还较为安定。赵宋建国，日就承平，自南唐以来自由研究学术的“书院制度”，也在这时候完全告成。南唐烈祖升元年间（937—943年）在九江庐山“白鹿洞”建学馆，集师生，这是“书院制度”的开始。到了宋代，即建立四大书院：（1）庐山的“白鹿洞书院”；（2）长沙的“岳麓书院”；（3）商丘的“应天府书院”；（4）登封的“嵩阳书院”。其建置实先于各州之学（马端临《文献通考》及王应麟《玉海》均有记载）。此外则衡州有“石鼓书院”，建置也是很久的。

北宋诸儒多在私家讲学，南宋诸儒多在“书院”讲学，所以南宋时的“书院”最盛（《续文献通考》）。按宋代“书记”的性质，有“官立”和“私立”两种：“官立”的如“白鹿”、“岳麓”等是；“私立”的如“泰山书院”（石介《泰山书院记》）、“浮沚书院”（《宋元学案》）等是。其为《续通考》所未载入的，尚有“石坡书院”“杜洲书院”“同人书院”“石洞书院”“象山书院”等（《宋元学案》）。至于学生的膏火，有取之田租的（《全祖望集·杜洲书院记》），有取之官费的（朱熹《潭州措置岳麓书院牒》），有或由私人捐助的，各不相同。其讲学的法则，高第弟子（均见《宋元学案》），也无一定的规则。

第三节　辽金两国的科举制度

第一目　辽国的科举

辽在最初建国时期，其官职多由“帐院”所选，并未设立科举的制度。到了圣宗统和六年（宋太宗端拱元年，西历988

年），始仿照唐宋的成例，举行贡试。科举设乡、府、省三试，乡试考中的为“乡荐”，府试考中的为“府解”，省试考中的为“及第”。时有秀才不愿赴考的，州县必根刷[1]遣之。程文分两科：一为诗赋；一为经义。每三岁辄一试进士，贡院以二寸纸书及第者姓名于上给之，号为“喜帖”，明日举案而出，乐作及门击鼓十二面，以法雷震。殿试临期取旨，又将第一名特增一官，授“奉直大夫翰林应奉文字”，第二名、第三名授“征事郎”，其余并授“从事郎”。圣宗时，只以辞赋法律取士，辞赋为“正科”，法律为“杂科”。统和六年创开科举，及第的仅有一人，而宋代进士挈眷归来的有十七人。此后放进士及第的，每年大约二三人，或间年举行一次。到圣宗开泰年间，始增加进士的名额，兴宗景福以后，增至六十余人。又例禁凡属医卜屠贩奴隶商贾之家和悖逆父母或犯事逃亡的，皆不得举进士。进士一科亦专为汉人而设，契丹人无举进士之条。兴宗重熙中，耶律富鲁举进士第，帝怒其父庶箴擅令子就科目，有违国制，鞭之二百。亦可见其悬禁之严了（《续通典·选举典》《续通志·选举略》《续文献通考·选举考》）。

第二目　金国的科举

金承辽制，仍设“进士科”以取士，兼采用唐宋的法制，其及第出身的较前代为隆重。太宗天会元年（宋徽宗宣和五年，公历1123年），急欲得汉士抚辑新附，故设科取士，无定数亦无定期。二年二月、八月再次举行。五年河北河东初

① 根刷：彻底追究；彻底搜查。

降，职名多缺，以宋辽制度各不相同，乃诏南北各因其所习业取士，号为“南北选”。熙宗天眷初，诏“南北选”各以“经义”“辞赋”两科取士。到了海陵王天德三年（宋高宗绍兴二十一年，公历1151年），又并“南北选”为一，罢“经义”“策论”两科，专以“辞赋”取士；正隆元年（宋高宗绍兴二十六年，公历1156年），复命以五经三史正文内出题，并规定三年举行一次。综合其取士的科目有五：(1)辞赋；(2)经义；(3)策论；(4)律科；(5)经童。其试“辞赋”“经义”“策论”中选的称为“进士”；试“律科”“经童”中选的称为“举人”，始以“举人”为定名。凡诸进士举人由乡至府，由府至省，最后为殿廷，共四试，如皆中选，则授以官职。至廷试五次被黜的则赐以及第，是为“恩例”；但考校文章而定名次的高下，不复有所黜落。又有特命及第的是为“特恩”。其有关考试的内容，期间和监检等略述如下：

一、考试的内容

“辞赋进士科”试“诗赋”“策论”各一道；“经义进士科”试以所治“经义”“策论”各一道；“策论进士科”则考选女真族（女真，种族名，出于黑水靺鞨，蔓延松花鸭绿间。在松花江以西者，系籍于辽，名熟女真；在松花江以东者，虽属辽而不系籍，名生女真。北宋之季，生女真部长完颜阿骨打叛辽，自立为大金帝，一传而灭辽及北宋，为女真族最盛之世。清人之存关东，自称珠申，即女真之音转，后改称满洲，故清人与金人同一部族。三代之肃慎，实即女真之先祖，肃慎之转为女真，犹女真之转为珠申耳）的人士，始于金世宗大定四年（宋孝宗隆兴二年，公历1164年），颁行女真大小字所释经书，每穆昆（穆昆，金官名，亦译作谋克。金之初年，诸部民壮皆兵，共部长曰孛堇，行兵则称猛安谋克。猛安者，千夫长也；谋克者，百夫长也。部卒之数初无定制，及太宗即位，始命以三百户为谋克，谋克十为猛安，其后诸部来降，率用猛安，谋克之名以授其首领而部伍其人。见《金史·兵志》）选二人学习。“律科进士”又称为“诸科”，试题则出在律令以内。至“经童”则为士庶人子弟年在十三岁以下，能诵“二大经”“三小经”，又诵《论语》、“诸子”达五千字以上，府试十五题，通十三以上的予以“会试”，每场十五题，三场共通四十一以上的为中选，取其年幼而诵读多的缘故。所取进士数额较多，先则三五百人，世宗大定年间敕以文优则取，勿限人数。所取既多，自不免流于冗滥。“进士科”自海陵王天德三年罢“经义”“策论”两科，专以“辞赋”取士，已不免近于浮华；且“辞赋”之试，于章宗承安五年（宋宁宗庆元六年，公历1200年），定为程序，实为后代八股文的始作俑者。

二、考试的期间

“乡试”之期在三月间，“府试”之期在八月间，“会试”之期在正月间，“殿试”在三月间举行。最初一科取“状元”两名，承安年间始改为一名。“策论”和“辞赋”进士，第一甲第一名特迁“奉直大夫”，第二名以下和“经义进士”第一名并授“儒林郎”，第二甲以下授“征事郎同进士从事郎”，“经童”授“将仕郎”（《续文献通考》《续通志》《续通典》）。

三、考试的监检

每逢考试，监检方法甚为严密。凡举行“府试”“会试”时，每四举人即差军兵一人监视，复以官一人弹压；举行“殿试”时，“策论进士”则差弩手和随局承应人，“汉进士”则差亲军，人各一名，皆不识字者。对于举子的搜检甚厉，解发袒衣，索及耳鼻，后以有失待士之礼，世宗大定二十九年（宋孝宗淳熙十六年，公历1189年），尝依前故事，使就沐浴，官置衣为之更换，既不亏礼，又可防弊，较之以前改善多了（《金史·选举志》）。

第七章　元代的考试制度

第一节　元代的科举

元太宗始取中原，中书令耶律楚材（元之名臣，字晋卿，辽东丹王突欲之后，博极群书，元世祖可谓委以军国事，太宗时为中书令，凡蒙古陋风，悉为改革，元之立国规模，皆楚材所定，卒谥文正）即请用儒术选士。九年八月始命断事宫扎哈岱和山西东路课税所长官刘中历诸路考试，以“论”和“经义”“辞赋”分为三科，作三日程，专治一科能兼者听；但以不失文义的为中选，复其赋役，令与各处长官同署公事，时得东平杨英等若干人，多一时名士，当时或以为非便，复中止。世祖至元四年（宋度宗咸淳三年，公历1267年），翰林学士承旨王鄂等请行“贡举法”，以为“贡举不行，士无仕进之阶，或习刀笔以为史胥，或作仆役以事官僚，或作技巧贩鬻，以为工匠商贾，以今论之，唯科举取士，最为切务”等语，乃命中书左三部与翰林学士议立程序。至元二十一年（1284年），丞相和尔果斯等请以“贡举”取士，继而许衡议罢“诗赋”，重“经学”，定为新制，事卒未行。成宗时，翰林学士王恽奏谓：“贡举之法，宜先选教官，定所明经史为所习科目，以州郡大小限其生徒，拣俊秀无玷污者充员数，以生徒员数限岁贡人数，期以岁月，使尽修习之道，然后州郡官察行考学，极其精当，贡于礼部，经试‘经义’作一场，史试‘议论’作一场，廷试‘策’兼用‘经史’，断以己意，以明时务，如是则士无不通之经，不习之史，进退用舍，一出于学，既复古道，且革累世虚文亡举之弊，必收实学适用之效矣。”此项建议，可谓深明时弊，洞中肯綮。仁宗皇庆二年（1313年），中书省臣又言：“经举实修已治人之道，辞赋乃搞章绘句之学。自隋唐以来，专尚辞赋，故士习浮华。臣等拟罢‘律赋’，省题诗小义，而专立‘德行明经科’以取士。”乃命中书参酌古今，定条制（《续文献通考》《续通志》《续通典》）。

第一目　科举的程序

元代科举的特点，为不设武举，因武职都是世袭的。除“特科”以外，都是三年举行一次。其程序计分：乡试、会试、廷试三种。先说“乡试”，规定从本贯官司于诸色户内推举年及二十五以上，乡党称其孝悌，朋友服其信义，经明行修之士，结状保举，以礼敦遣。诸路府或徇私滥举，并应举而不举者，监察御史肃政廉访司体察究治。典试事宜，由中央派大员主持，全国十一行省共选合格者三百名赴“会试”。其次是“会试”，在首都举行，计取百名。再经“廷试”，以定等第。分进士为左右榜：蒙古人、色目人（色目人：元代通称西方各异族之民为色目人；意盖谓色目相异不常闻见之人也。陶宗仪《辍耕录·氏族下》所列色目人计有哈剌鲁、钦察、唐兀、阿速、秃八、康里、畏吾儿、乃蛮歹、乞失迷儿等三十一种。柯劭忞《新元史·氏族表》：色目人曰畏吾氏、唐兀氏、唐里氏、乃蛮氏、雍古氏、钦察氏、伯牙吾氏、阿速氏、乞失迷儿氏、赛夷氏、乌思藏掇族氏、回回氏、于阗氏、阿里马氏、昔里马氏、古速鲁氏、也里可温氏、木速蛮氏、哈剌鲁氏、答失蛮哈喇鲁氏、合鲁氏、阿鲁浑氏、尼泰罗氏，见于史传者，凡二十有三族。当时科举之制，就被举者之人种言，亦有此称）为右，汉人、南人为左（《元史·选举志》：“蒙古色目人作一榜，汉人南人作一榜。”大抵所谓蒙古人者，即元之本族；色目人者，即指钦察、唐兀等藩部之人；汉人者，谓金诚后之中原遗裔；南人者，谓宋亡后之江南士族也）。并仍用赵孟頫等所建议的“贡试法”，凡蒙古人由科举出身的授从六品，色目人、汉人、南人递降一级，并赐进士恩荣宴于翰林院，可见“进士科”在元代仍然是很重视的。

第二目　科举的内容

元代的考试，其内容因族类的不同而有区别。“乡试”“会试”各分三场：

1. 蒙古人、色目人：第一场，“经问”五条，在《大学》《中庸》《论语》《孟子》四书内设问，并用朱氏《四书章句集注》，文不限字数，其义理精明、文辞典雅者为中选。第二场，试“策”一道，以“时务”出题，限五百字以上。第三场缺。

2. 汉人、南人：第一场，“明经”“经疑”二问，限出四书，并用朱子《四书章句集注》，复以己意结之，文限三百字以上；“经义”一道，以《诗》《书》《易》《礼》《春秋》五经出题，任各治一经，文限五百字以上，不拘格律。第二场，古赋、诏、诰、章、表任科一道，古赋、诏、诰用古体、章、表用四六参以古体。第三场，试“策”一道，由“经史”“时务”内出题，不矜浮藻，唯务直述，文限一千字以上。蒙古人、色目人愿试汉人、南人科目的，中选后加一等注授。“廷试”只有一场，蒙古人、色目人试“时务策”一道，文限五百字以上；汉人、南人试“策”一道，文限一千以上。蒙古人、色目人作一榜，汉人、南人作一榜。第一名赐“进士及第”，从六品；第二名以下及第二甲皆正七品；第三甲以下皆正八品，两榜并同（《续通志·选举略》）。

关于考试的内容，有一点不能不特别一提的，即“经义”方面所出的四书题目，则专以朱熹《四书章句集注》取士，直至明、清两代，犹相沿未改，前后七百年间，朱子《四书章句集注》，遂成为全国家喻户晓人人必读之书了。

第三目　科举的规则

元代对于考试规则的制定，非常严密。如漏泄试题，誊录错误，私将试卷出院，拆毁试卷，别纸起草，冒姓就试，帘内外考官交语等等，都有责罚甚至治罪的规定。其如试场“顺序”“弥封”“誊录”手续、“考校”“出榜”手续、“廷试仪式”等，亦分别有详尽的规定，可谓极尽防杜弊端的能事了。

以上为元代正轨的考试制度，他如“荐举”之制亦屡见施行。世祖至元十八年（1281年），天下初定，即诏求山林隐逸之士，继遣侍御史程文海访求江南遗才，又命求隐晦之士，俾有司具以名闻。但其时如列因、萧等皆辞召不赴。武宗至大四年（1311年），旺扎勒、李孟等上言："方今进用儒者，而老成日以凋谢，四方儒士有成材者，请擢任国学秘书、太常或儒学提举等职，俾学者有所激劝。"帝即谓："自今勿限资级，果才而贤，虽白身亦任用之。"仁宗延祐元年（1314年），敕各省大臣专意访求"遗逸"，苟得其人，先以名闻而后致之。延祐七年（1320年），下诏谓："比岁设立科举，以取人才，尚虑高尚之士，晦迹邱园，无从可致。其有隐居行义，才德高迈，深明治道，不求闻达者，所在官司具姓名牒报本道廉访司覆奏察问，以备录用。"又屡诏求言于下，使得进言于上，虽指斥时政，并无谴责，往往乐择其言，任用其人，列诸庶位，以图治功。其他著书立言，裨益教化，启迪后人，亦斟酌录用，着为常式。英宗至治三年（1323年），召前集贤侍讲学士赵居信为翰林学士承旨，前直学士吴澄为学士，因命搜访山林隐逸之士。顺帝至正中，前后征处士张枢、彭炳、郑玉等，以枢为翰林修撰，炳为端本堂说书，玉为翰林待制，皆不至。

综观以上所述，元代以蒙古族入主中原，其举行考试，仅为牢笼人心，且不能忘情于民族间猜忌的观念，取士有蒙古人、色目人、汉人、南人的区别，科目和出身，也都有轩轾，这当然不是公允的办法。故胡粹中氏说："古之人君患不能知贤才而用之以治天下，故设科取士，使怀才抱德敦行者，由之以进。若汉之乡举里选、察廉对策，非一途也。然人之德行难知，艺能易见，德行者多自晦，艺能者每自炫，于是乎听其所言，以察其所蕴，即共所习，以审其所向，故唐之明经进士，宋之制策词学，非一科也。犹以为有德者必有言，有言者不必有德，则又即其言以考其实，若稽诸古典而本于经，不失乎先圣之旨，则有取焉。非但取其言语之工，文藻之华而已也。元之用人：大抵偏于国族勋旧贵游子弟，故选举之法久而未行，仁宗决意行之，由此中华缝掖之士，仅得拔什一于千百，若谓科举遗贤才则可，谓妨选法则非也。”这一番话亦正是说明元代对于族类歧视的弊端。但彼族的习尚，渐渐融于汉化，而中土的经籍，亦借以移译，是普及文化和同化为一大国族的作用，正借着考试制度为之媒介了。

第二节　元代与科举有关的教育制度

元代的学校教育，有些是沿袭宋代的，有些是另行创设的，兹分别略述如下：

一、国子学

元世祖二十四年（1287 年），始立“国子学”，国子生博果密等请讲解经传，教以修、齐、治、平之道；其下分设小学、律、书、算诸科，由国子学官主持其事，加意点勘。学生中勤学的升上舍，怠惰的降下舍。时迁都燕京，更立“国学”于城东，令博士通掌学事，分数三斋，助教专守一斋。凡读书必先《孝经》《小学》《论语》《孟子》《大学》《中庸》；其次为《诗经》《书经》《易经》《礼记》《春秋》五经。博士和助教亲授句读、音训，正录伴读，则依次传习，讲说也是如此。次日抽签，教学生复说。又置“蒙古国子学”教授蒙古文，回回国子学教授回回文，依汉人入学的制度，每日肄习。

到了仁宗延祐三年（1316年），授纳集贤学士赵孟頫等的建议，建立“国子生贡试积分法”，其规定有下列三种：

（一）升斋等第

1. 上两斋：左为“时习”，右为“日薪”，讲说《易经》《书经》《诗经》《礼记》《春秋》，并课习明义等程文。

2. 中两斋：左为“据德”，右为“志道”，讲说《学》《庸》《论》《孟》四书，并课肄诗律。

3. 下两斋：左为“游艺”，右为“依仁”，凡诵书讲说《小学》，属对的，都在其中学习。

上述六斋，各以学业的浅深，分为三等，每斋生员的人数不等，每季考试所习经书课业，如不违背规矩的，则以次递升。

（二）私试规矩

斋分三等，汉人以考列第一等的为“上斋”，蒙古人和色目人则以考列第二等的为“上斋”，因其智识水平不如汉人，故从宽办理，且以显示优待本族。即升“上斋”，过了二年，才能参加“私试”，词理俱优的给一分，词平理优的给半分，岁修积至八分的为高等，以四十名为足额，蒙古人、色目人各十人，汉人则二十人。

（三）黜罚科条

应“私试”积分，生员中如有不专业课业和违背规矩的，初犯罚一分，再犯罚二分，三犯除名。应补高等生员，有违背规矩的，初犯罚“殿试”一年，再犯除名。应有学生员，岁终历实坐斋不满半年的除名。除月假以外，其余告假，并不准计算。应在学生员，除蒙古人、色目人别议外，汉人生员如三年不能通一经和不肯勤学的，则勒令出学。

所积分数，高等生员最初以国子监学正录诸职相处，此后则三年一次，依科举例入“会试”，故“国学”的出路，仍以科举为归宿。

至于郡国乡党之学，在太宗初年设置，并建立“孔、颜、孟三氏学”，后又置“蒙古字学”。至元二十八年（1291年），学校的数目，计增加到二万一千三百余所之多。州县学校也都有田产，赡养学者（《续文献通考》：至元二十三年，诏江南学校旧有学田，复给之以养士。时江南行省理财方急，卖所在学田，以价输官，利用监彻尔奉使至，见之，谓曰：“学有田，所以供祭祀，育人才也，安可鬻？”遽止之，还朝以闻，帝嘉纳焉。至元二十九年正月，诏江南州县学田，其岁入听其自掌，春秋释奠外，以廪给师生及士之无告者。贡士庄田，则令核数入官）。复置诸路阴阳学，设“教授”训诲，有精通艺术的，即升用“司天台”。医学方面，世祖时，设置诸路提举负责教导，故所出的各医也很多。

二、书院

元代的“书院”比宋代更盛，“书院”山长，也成为定员。《元史·选举志》载：

“至元二十八年，令江南诸路学及各县学内，设立小学，选老成之士教之。或自愿招师，或自受家学于父兄者，亦从其便。其他先儒过化之地，名贤经行之所，与好事之家，出钱粟赡学者，并立为书院。凡师儒之命于朝廷者曰教授，路府上中州置之。命于礼部及行省或宣慰司者，日学正、山长、学录、教谕，路州县及书院置之。路设教授、学正、学录各一员；散府上中州设教授一员；下州设学正一员；县设教谕一员；书院设山长一员。”

元代著名的书院，不下百数。《续文献通考》载：

“自太宗八年，行中书省事杨惟中，从皇子库春伐宋，收集伊洛诸书，送燕京，立宋儒周敦颐祠，建太极书院，延儒士赵复、王粹等讲授其间，此元建书院之始。其后昌平有‘谏议书院’，河间有‘毛公书院’，景州有‘董子书院’、京兆有‘鲁斋书院’……琼州有‘东坡书院’，凡此盖约略举之，不能尽载也。”

由此可知元虽以蒙古族入主中国，而教育权柄仍操在汉族儒者的手里，宋儒讲学的风气，虽易代不衰了。

综观以上所述，元代的教育，沿袭宋代遗制，除有“国子学”和“府、县学”，又有“书院”普遍的设立，这实在因学校多近于科举，不足以餍学者的欲望，凡属老师宿儒和向学士子都不能自由传授学问，故必于学校之外，另外开辟一种讲学途径。虽属于官立的有按年积分之制，而私家所设的，或地方官吏自以其意延聘师儒讲授的，并无此等拘束。所以一般淡于名利、志在讲求修身治人的学者，多乐趣于书院，这实在是当时学校和书院的一大区别。故当时定令，各地方虽皆有学校，而士大夫仍可于学校之外，增设书院，不以并行为病，这种讲学自由的精神，正为今日学者所渴望之事，我国古代已有前规，凡属今人所欲为者，古人已早能见及并已实行了。

第八章　明代的考试制度

第一节　明代的科举

第一目　明代科举的沿革

明代初年的用人制度，是“三途”并用。所谓“三途”，照《明史》上说是“进士”“举贡”和“杂流”（包括荐举和铨选），而顾亭林《日知录》说是“荐举”“进士”“监生”和“吏员”。虽两书所说略有不同，亦可见科举在当时只是“三途”之一，而非入仕的唯一途径了。后来明太祖有鉴于“前元依古设科，待士甚优，而机要之官，每纳奔竞之人，辛勤岁月，辄窃仕禄，所得资品，咸居举人之上，其怀才抱道之贤，耻于并进，甘隐山林而不起”（《明史》卷二十一“王祎正开科举诏”）。深知欲澄清吏治，必须厉行“科举”，阻遏奔竞的风气。于是在洪武元年（1368年）即颁发文武二科取士之令，使有司劝谕民间秀士和智勇之人以时勉学，俟开举之岁贡至京师。到了洪武三年（1370年）八月，始正式下诏，特设“科举”，务取“经明行修”“博通古今”“名实相称”及“通晓骑射书算律”者。诏命中且有“中外文臣皆由科举而进，非科举者毋得与官；敢有游食奔竞之徒，坐以重罪”（同前注）的严格规定，借以表示厉行“科举”的决心。时天下初定，太祖命各行省连试三年，且以官多缺额，举人俱免“会试”，赴京听选，会拔擢年少俊异的人才如张唯、王辉等授以“翰林院编修”。行之三年，因所取者多是后生少年，且以“多取文词，及试用之，不能措诸行事者甚众”（谷应泰《明史纪事本末》卷十四“开国规模”），于是又下诏罢科举，仍行“荐举之法”，行之既久，自难免弊窦丛生，于是又不能不考虑到那客观公允的考试制度比较可靠，终于在洪武十七年（1384年）复位严密规则，恢复科举了。科举恢复以后，荐举仍并行不废。到了成祖永乐年间，有司奉诏求贤，也不过虚应故事。宣宗宣德年间，曾御制“猗兰操”和“招隐诗”赐诸大臣，以示风励，而应诏的甚少，这实在是一般士子以由科举正途出身为荣，同时可以显见考试制度能为人所重视了。

第二目　明代科举的方法

明代取士，专重科举，试以“制义”。《明史·选举志》载：“科目者，沿唐、宋之旧，而稍变其试士之法，专取四子书及《易》《诗》《书》《春秋》《礼记》五经命题试士，盖太祖与刘基所定。其文略仿宋经义，然代古人语气为之，体用排偶，谓之‘八股’，通谓之‘制义’。”考试制度到了明代，其方法更趋周密，兹按照《明史·选举志》所载，分别略述其内容如下：

一、考试的时间

每三年举行“大比”一次，分为三个阶段：

1. 乡试：以诸生试之直省的为“乡试”，中式的为“举人”，每逢子、午、卯、酉年举行，皆于八月初九日为第一场，又三日为第二场，又三日为第三场。

2. 会试：次年以“举人”试之京师的为会试，每逢辰、戌、丑、未年举行，皆于二月初九日为第一场，又三日为第二场，又三日为第三场。

3. 殿试：“会试”中式的，由天子亲策于廷，号称“廷试”，亦称“殿试”，于三月朔日举行，分一、二、三甲，以为名次的先后。一甲只有三名：状元、榜眼、探花，赐“进士及第”；二甲若干名，赐“进士出身”；三甲若干名，赐“同进士出身”。通常以“乡试”第一名为“解元”，“会试”第一名为“会元”，二、三甲第一名（即全榜的第四名）为“传胪”。

二、考试的科目

据《明会典》所载：洪武三年初设科举时，初场试“经义”二道，“四书义”一道；二场试“论”一道；三场试“策”一道。中式后十日复试以“骑”“射”“书”“算”“律”五事。洪武十七年所颁“科举定式”：初场试“四书义”三道，“经义”四道；二场试“论”一道，“判”五道，“诏”“诰”“表”内科一道；三场试“经史”“时务策”五道；而“骑”“射”等五事则不试。

又据《明史》载：洪武十七年所颁的“科举定式”：“四书”主朱子《集注》，《易经》主程《传》《朱子本义》，“书经”主蔡氏《传》及《古注疏》，《诗经》主《朱子集传》，《春秋》主《左氏》《公羊》《谷梁》三传及胡安国《张洽传》，《礼记》主《古注疏》。而洪武三年的科举，关于“经义”和“四书义”，都无此种限制，通主各家之言，此为洪武年间前后二“科举定式”不同的所在。

三、考试的内容

明代的考试制度，大抵沿袭唐、宋的规模；所不同者，则在其考试的内容，是即所谓“八股文章”取士。何以谓之“八股”？照顾炎武《日知录》说：

“经义之文，流俗谓之‘八股’，盖始成化（明宪宗年号）以后。股者，对偶之名。天顺（明英宗年号）以前，经义之文，不过敷衍传注，或对或散，初无定式，其单句题亦甚少。成化二十三年（1487年）会试，乐天者保天下，起讲先提二句，即讲乐天四股；中间接过四句，复讲保天下四股；复收四句，再作大结。弘治（明孝宗年号）九年（1496年）会试，责难于君谓之恭，起讲先提三句，即讲责难于君四股；中间接过四句，复讲谓之恭四股；复收二句，再作大结。每四股之中，一反一正，一虚一实，一浅一深。其两扇立格，则每扇之中，各有四股，其次第之法，亦复如之，故令人相传谓之‘八股’。”

又因只就“四书”之中出题，是以学者可以束书不观，只要拟题一二百道，或窃取他人的文章加以记诵，入场誊出，亦可侥幸中式。故丘文庄当天顺成化之盛，去宋元未远，已说过：“士子有登名前列，不知史册名目、朝代先后、字体偏旁者。”

当时又有“十八房”（明制，会试用考试官二员，总裁同考官十八员，分阅五经，谓之十八房）之刻，照顾炎武《日知录》说：

“十八房之刻，自万历（明神宗年号）壬辰《钩玄录》始。旁有批点，自王房仲选程墨始。至乙卯以后，而坊刻有四种：曰程墨，则三场主司及士子之文；曰房稿，则十八房进士之作；曰行卷，则举人之作；曰社稿，则诸生会课之作。至一科房稿之刻，有数百部，皆出于苏杭，而中原北方之贾人，市买以去。天下之人，唯知此物可以取科名，享富贵，此之谓学问，此之谓士人，而他书一切不观……”可见当时考试的内容，专重八股，辗转流变，文辞增而实事废，士子更加不务实学了。

四、应举人的资格

举子为“国子学”生和“府州县学”生员学有成就的，儒士未仕的，官未人流的，皆由有司申举性资敦厚文行可称的应举。如为学校“训导”，专教学生的，和罢闲官吏、倡优之家、居父母丧等，俱不许入试。

五、试卷和试官的规定

试卷的首页，书应举人的三代姓名和籍贯年甲，所习本经、所司印记、试日入场讲问，代冒者有禁。到天晚未缴卷时，给烛三支。文字中应回避“御名”“庙号”和不许自序门地。“弥封”“编号”，作三合字。应举人用墨笔写，叫作“墨卷”；誊录用朱笔写，叫作“朱卷”。

举行“乡试”，直隶于京府，各省于布政司；“会试”于礼部。“乡试”“会试”的主考官都是二人；乡试的同考官四人，会试的同考官八人，提调各一人，在内为京官，在外为布政司官。“会试”时，礼部官监试二人，在内为御史，在外为按察使司，御史供给收掌试卷“弥封”“誊录”“对读”“受卷”和

“巡绰监门”，“搜检怀挟”，俱有定员，各执其事。

试士之所叫作“贡院”；诸生席舍叫作“号房”，应试人由军士守之，叫作“号军”。试官入院，即封锁内外门户，叫作“锁院”。在场外的提调、监试等叫作“外帘官”；在场内的主考官、同考官叫作“内帘官”。廷试用翰林和朝臣优于文字的为读卷官，共阅对策，拟定名次，候天子临轩亲试，或如所拟，或有所更定。

六、考中的待遇

传制唱第，“状元”授“翰林院修撰”，“榜眼”“探花”授“翰林院编修”，二三甲考选“庶吉士”的，皆“翰林官”；其他或授“给事”“御史”“主事”“中书”“行人”“评事”“太常”“国子博士”；或授“府推官”“知州”“知县”等官。“举人”“贡生”不第入监而候选的，或授“小京官职”，或授“府佐”和“州县正官”，或授“教识”，此为明代取士的大概情形。

关于明代“科举”的重要性，有一点不能不特别加以说明的，即明代的中枢政令，自成祖永乐年间开始，即出自“内阁”；自英宗天顺年间以后，则非科举出身的进士不能入翰林，非翰林不能入内阁。换句话说，即非科举出身的不能入内阁，总计明代的内阁大学士一百七十余人，由翰林出身的即占十分之九。其次，明代的京官清要之职，都用进士出身的人，其由他途出身的，皆不能得到该项官职。至京外繁要的官缺，亦必选用进士。其在升调方面，上官荐举的对象，亦必先进士出身的人；而在举劾的时候，进士纵有訾议的地方，亦甚少连及。再次，唐宋以来，凡属大臣的子弟应举时，常常招致物议，一般守法的大臣，多不使子弟应举，到了明代即无此顾忌，宦游子弟也多争就功名，这实在因入仕之途，虽不限定出身，但非进士出身的，不能有跻贵显而登青云之望，于此可见明代的科举已达到极盛的地步，虽表面上号称“三途互用”，而实际上科举已具有唯我独尊的趋势了。

综观上述明代的考试制度，承唐宋已有的基础，益以长期迈进，故制度方面的发展，较为完备，兹先将其优点略述如下：

1．考试的程序更加完整

“童试”“乡试”“会试”以至“殿试”，形成一贯的体系。“乡试”以下，与学校相辅而行，类似现在的学校考试；“乡试”以上，则为任用考试。经“童试”录取后，始得为入学生员，其后有经选贡至“国学”的，一如升学考试；有由“乡试”举选到礼部的，必先经过“科考”，有如正试前的甄别试；而在学生员均有“岁考”，更如学年考试。凡经“乡试”中式的，咨送礼部“会试”及第后，更由“殿试”分定鼎甲，于是考试的历程始举。又“乡试”后有“覆试”，“殿试”后有“朝考”，“庶吉士选馆”或“教馆”时有考，“差遣试官”有考，在朝“翰”“詹”有考，其他如选用“教习”“中书”“州县官”等职，亦皆有考，这都足以证明考试的范围、适用至广了。“太学”本最高学府，而以“科举”的形式进退之；“翰林”本“科举”极峰，而以“学校”的精神教育之。于是“学校科举化”，“科举学校化”，“学校”与“科举”二者之间取得密切的联系，相辅而行，成为历史上最完美的考试制度。

2．考试的方法更趋周密

明代的“科场规程”甚繁，防弊的方法亦至密。从考生所带的考具起，即有定制，以防“怀挟”。而入场时有“搜检”，进场后有“封锁”“巡逻”，交卷时有“弥封”“誊录”，“乡试”“会试”揭晓以后，更有“磨勘”，这些严杜舞弊和侥幸的方法，真是无微不至。其或稍有情弊，一经举发以后，动遭罣议，且不惜严刑峻法加以惩治，使人不敢稍存尝试的念头，因之考试的信誉，更能赖以发展。

3．注意人才的培植

明初开国，即注意振兴学校，“国子学”实为储才之所，并无毕业的期限，以师儒督其学，以世务练其才，随时选任，不拘资限，如本章第二节所述“太学生的拨历制”，即深得“仕学相长”之意，对于“铨叙”和“学校”二者之间的联系，实从古以来唯一重用学校人才的时代。世徒以明太祖定“八股试士”之制，遂谓其欲使天下英才腐心于无用的空文，殊不知当时事实，并不如是。徒以后来偏重科学，而学校又有纳粟之例，流品日杂，学校生员始不为天下所重了。

其次则为“进士人翰林制”，可与考试制度相配合，颇能收培养人才的功效。学校培育人才，在应考以前；翰林院培育人才，则在应考及第以后，这是很值得称道的一种优良制度。

以上所述各点，为明代考试制度的优点；但尚有若干缺点，为当时和后世的人所诟病的，兹略述如下：

1．明代的考试内容，注重“经义”，而又以《朱熹集注》为标准，这实在是因为诗赋只论工拙。比较近于客观；经义要论是非，是非转无标准。于是不得不择定朱子一家之言，以为是非的准则；但又因为人人能讲，则录取的标准更难确定，遂于“四书义”中，演变出“八股文”来。其实“八股文”犹如唐人的律诗，文字必定要有一定的格律，才能见到技巧，评定工拙，然后才有客观取舍的标准，这可算是当时取士衡量优劣不得已的一种办法。可是演变所及，其发生的流弊，顾亭林

氏言之綦详,《日知录》说:

“举天下唯十八房之读，读之三五年，而一幸登第，则无知之童子，俨然与公卿相揖让，而文武之道，弃如弁髦。嗟乎！八股盛而六经微，十八房兴而廿二史废。昔闵子骞以原伯鲁之不说学而卜周之衰。余少时见有一二好学者，欲通旁经而涉古书，则父师交相谯呵，以为必不得颛业于帖括，而将为坎坷不利之人，岂非所谓大人患失而惑者欤?”

同书又说：

“时文败坏天下人才，而至士不成士，官不成官，兵不成兵，将不成将，夫然后寇贼奸宄得而乘之，敌国外患得而胜之。”

这对于八股文的空疏无用，足以败坏人才，说得已很详尽，无待吾人置评。不过吾人所应注意的，这完全是八股取士的不当，而非考试制度本身的不当。换句话说，这是考试内容的不当，而非考试本身之有问题了。

2. 明初考试所立的法则，实非专尚时文。《日知录》说：

“《太祖实录》：洪武三年(370年)八月，京师及各行省开乡试，初场四书疑问、本经义及四书义各一道(原注：洪武三年开科，以《大学》‘古之欲明明德于天下者’二节，《孟子》‘道在迩而求诸远’一节，合为一题，问二书所言平天下大旨同异，此即宋时之法)。第二场‘论’一道，第三场‘策’一道，中式者后十日复以五事试之，曰‘骑’‘射’‘书’‘算’‘律’：骑，观其驰驱便捷；‘射’，观其中之多寡；‘书’，通于六艺；‘算’，通于九法；‘律’，观其决断。此处所谓求实用之士者矣。至十七年，命礼部颁行‘科举成式’，文辞增而实事废，盖与初诏求贤之法稍有不同，而行之二百余年，非所以善述祖宗之意也。”

又明代张燧说：

“洪武十五年（1382年），上谓尚书开济曰：‘秀才今征致数千人，宜严试授职。’济等条议：以‘经明行修’为一科，‘工习文词’为一科，‘通晓四书’为一科，‘人品俊秀’为一科，‘言有条理’为一科，‘晓达治道’为一科，六科备者为上，三科以上为中，三科以下为下，不通一科者，不在擢中。上从之。使国朝能尽其法而永用之，又何患真才之不得耶？”

由此可见明代初年的考试，尚具有拔取学以致用的人才之意；到了后来，则借此羁縻多士，徒重形式上的整齐严密，而对于作育人才的“国子学”，逐渐懈弛，有名无实，以致学校为科举所夺，学术则为“制艺”所夺，考试本以甄拔人才，结果反为锢蔽人中，败坏人才之具，遂为人所诟病。尤其在郑和七次出使南洋，和意大利传教士范礼安、罗明坚、利玛窦相继东来以后，当时已知西方有“天文”“历算”诸学，而不能及时改进考试的内容和学校所修的课程，致命坐失时机，徒尚虚文，致国步未能与时俱进，良可惋惜！

第二节　明代学校和科举相辅而行的制度

两汉、唐、宋，皆有学校以外的考试，明初最重学校，以学校为“科举”的基本。《明史·选举志》载：“科举必由学校，而学校起家，可不由科举。”

兹将明代学校概况略述如下：

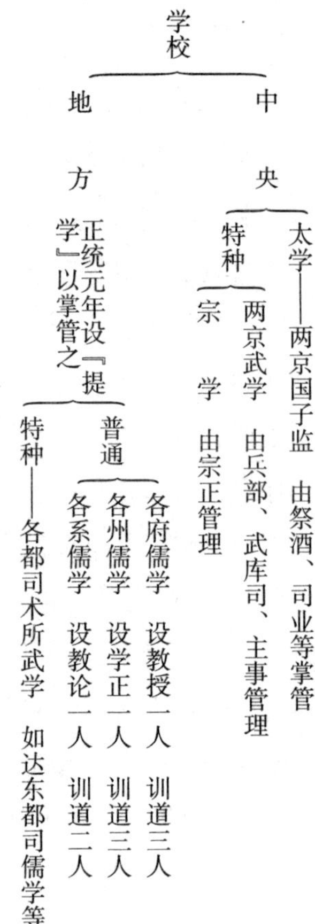

一、国子学

洪武元年（1368年），在南京设“国子学”，为明代“太学”的名称。令品官子弟和人民俊秀通文义的，并充学生。天下既定，诏择“府州县学”诸生入“国子学”（初改“应天府学”为“国子学”，后改建于鸡鸣山下，既而改“学”为“监”），设“祭酒”“司业”和“监丞”“博士”“助教”“学正”“学录”“典籍”“掌馔”“典簿”等官。到了成祖永乐十八年（1420年），迁都北京，亦置“太学”，故有南北两“太学”之分，各地土官和日本、高丽、琉球、暹罗诸国，皆有官生入“监”读书（《明史·选举志》：直省诸士子云集辇下，云南、四川皆有土官生，日本、琉球、暹罗诸国亦皆有官生入监读书，辄加厚赐，并给其从人。永宣间，先后络绎。至成化、正德时，琉球生犹有至者。《续文献通考·学校考》：洪武三年，高丽遣其国金涛等四人来学，次年涛成进士归。自是日本、琉球、暹罗诸国皆有官生入监读书，朝廷辄加厚赐，并给其从人。云南、四川等土官时遣子弟民生入监者甚众，给赐与日本诸国同，监前别造房百间居之。蒋一葵《长安客话》：国初高丽遣金涛等入太学，其后各国及土官亦皆遣子入监，监前别造房居之，名王子书房，今太学前有交趾号舍，盖成祖设北监以来，所以处交趾官生者），其学生服盛的时候，几及万人之多（黄佐《南雍志·储养考》：永乐十八年，监生九千五百五十二人。十九年，九千八百八十四人。二十年，九千九百七十二人。二十一年，九千八百六十一人。二十二年，九千五百三十三人）。“太学”中除衣、食、住有布帛、廪饩、号房等供给，关于“育”“行”诸端，亦有所资助。

“太学”中的教授方法，每日早晨，“祭酒”“司业”坐堂上，属官自“监丞”以下的首领，则依次序立，诸生揖毕，质问经史，拱立听命。每月的朔望日各给假一日，余日升堂聚餐，乃会讲、覆讲、背书、轮课为经常课业。所习的功课，自“四子书本经”以外，兼及刘向《说苑》和“律”“令”“书”“数”“御制大诰”。每月试经、书、义各一道，“诏”“诰”“表”“策”“谕”“判”内科以二道。每日习书二百余字，以“二王”“智永”“欧”“虞”“颜”“柳”诸帖为法。每班选一人充“斋长”，督诸生功课，衣冠步履饮食必严饬中节，有事故外出，必须报告本班教官，令斋长帅之，报告“祭酒”“监丞”置“集愆簿”，有不遵守的记下来，再三犯的予以责罚，四犯的至发遣安置。所有学规条目，屡次更定，宽严得中，堂宇宿舍饮馔澡浴等俱有禁例，司教的官员，必选耆老宿儒。

关于“国子监”学生课外的工作，照《南雍志》一书所说，如整理田赋（《南雍志》：洪武二十年春二月戊子，《鱼鳞图》册成。先是上命户部核实天下土田，而苏、松富民畏避徭役，以土产诡寄亲邻佃仆，相习成风，奸弊百出，于是富者愈富，贫者愈贫。上闻之，遣国子生武淳等往，随粮多寡，定为几区，每区置粮长四人，使集里甲耆民，躬履田亩，以量度之，量其方面，次其字号，悉书主名及丈尺四至，编类为册，给状，若鱼鳞然，故名。至是浙江布政使司及直隶、苏州等府县册成进呈，上喜，赐淳等钞锭有差）、清查黄册（《南雍志》：洪武二十四年八月乙卯朔，初令监生往后湖清查黄册。户部所贮天下黄册，俱送后湖收架，委监察御史二员，户科给事中一员，监生一千二百名，以旧册比对清查。如有户口，田粮埋没差错等项，造册径奏。其官员监生合用饮馔器皿等项，并膳夫，俱于国子监取用；如不敷，于都税司并上元、江宁县等衙门支拔，其后奏准本监唯供给监生。凡官员监生吏卒人匠等，每五日一次，过湖晒晾）、兴修水利（《南雍志》：洪武二十七年八月乙亥，遣监生及人才分诣天下郡县，督吏民修治水利，给道里费而行）等事，皆命监生去做；或缮写书籍（《南雍志》：永乐二年十月丁巳，翰林院进所纂录韵书，赐名《文献大成》，上以其未备，遂命重修，以祭酒胡俨兼翰林院侍讲及学士，王景等为总裁，开馆于文渊阁，礼部简能书监生缮写）；或学习翻译（《南雍志》：永乐五年三月癸酉，命礼部选监生胡敬、蒋礼等三十八人隶翰林院习译书，人月给米一石，遇开科令就试，仍译所作文字，合格准出身，置馆于长安右门之外处之。以四夷字学，分为四斋，命都指挥李贤以锦衣卫军守门，务令成学）；或以特事遣使（《南雍志》：永乐元年四月，颁敕二万道，令监生马宗诚等赍之，赐道里费。又二年正月丁未，遣监生刘源等三十三人分行郡县，访求高皇帝御制诗文）；或以巡狩从行（《南雍志》：永乐七年二月壬午，巡狩北京，车驾发京师，择吏部历事监生四十人，译写四夷文字，监十三人以从）；而分部历事，随时任官，尤为重视。《续文献通考》载：

“洪武二十六年（1393年）十月，擢监生六十四人为布政使等官。先是天下初定，北方丧乱之余，人鲜知学，尝遣国子生林国云等三百六十六人分教各郡，既而推及他省，择其壮岁能文者，为‘教谕’等官。至是乃尽擢刘政、龙铎等六十四人为行省布政按察两使及参政、参议、副使、佥事等官。李扩等自文华、武英堂擢御史（按，《明史·选举志》：洪武初，择年少举人赵惟一等及贡生董昶等入学读书，赐以衣帐，命五诸司先习吏事，谓之历事监生，取其中尤英敏者如李扩等，入文华、武英堂说书，谓之小秀才，其才学优赡、聪明俊伟之士，使之博极群书，讲明道德经济之学，以期大用，谓之老秀才，故《续通考》举李扩等为言），扩寻改给事中兼齐相府录事。盖台谏之选，亦出于太学，其常调者，乃为府州县六品以下官。时虽复行科举，而监生与荐举人才参用者居多，故其时布列中外者，太学生最盛。”

故当时成才之士，多出于“国学”；服官以后，亦能知礼义重廉隅，尊主庇民，事业皆有本源。到了万历（明神宗年号）以后，虽常常振饬，但只注意到“法”而不注意到“人”，如博古正谊的倪元璐，讲席未暖，斥之而去，则当日的振饬，也是有名无实可知。至天文生、医士，则以世业子弟充任，有选用，无课授，其时日月交推，屡用讹舛、推步的法术，由此而衰。即“武学”一科，建文（明惠帝年号），永乐（明成祖年号）年间，既建复罢；英宗时，始议选骁勇都指挥官五十一人，娴骑射的幼官百人，令两京并建“武学”训诲之；但其所教读之书，不过《小学》《论语》《孟子》《大学》和“五经七书”、《百将传》中取一节，讲说大义，使之通晓罢了。

二、太学生拨历制

明代学制，尚有一项优良制度，联络“学校”和“铨叙”的关系，为两汉、唐、宋诸代所无，而清代不能踵行的，即“太学生拨历制”。

“拨历制”始于洪武五年（1372年），命国子学生于诸司习吏事，是为“历事生”。有“正历”“杂历”和“诸色办事”等名目，各有定额。以在学年月的深浅，为“拨历”的先后。其在各部历事，亦有一定年月。昼则趋事于各司，夜则归宿于斋舍。限满则或上选，或回“监”，仍得参“科举”。邱浚说出“拨历制”的优点为：

“优游之以岁月，琢磨之以文理，束约之以规矩。廪食学校，则俾其习经史；匿事各司，则俾其习政法；遇大比岁，使其就试。共为教法，可谓本末兼备。”

这一段话，确是事实。兹将其制度的大概，略述如下：

1. 正历：吏部四十一名；户部五十三名；礼部十三名；

大理寺二十八名；通政司五名；行人司四名；五军都督五十名。三月上选满日增减以定。

2. 杂历：户部十名；礼部十八名；兵部二十名；刑部十四名；工部八名；都察院十四名；大理寺四名；通政司四名；随御史出巡四十二名。一年满日上选。

3. 诸色办事：清黄一百名；写诰四十名；续黄五十名；清卷四十名；天财库十名；承运库十五名；司礼监十六名；尚宝司六名；六科四十名。

以上有长差、短差之分，后俱改为一年上选。此外有随御史刷卷等，事完日上选。又有礼部写民请条例等，半年满回“监”。

其考核的方法，分为上、中、下三等。上等选用，中下等历任一年再考。再考得上等的，以上等用；中等的不拘品级，随才任用；下等的同“监”读书。

查明代的“太学生拨历制”，原是使“学校”和“铨叙”二者之间取得密切的联系，颇具相当的价值。但可惜自英宗以后，即成具文。其所发生的流弊约有四端：

1. 积分法的废弛　初令监生由“广业”升“率性”，始得积分出身。英宗天顺以前，监生在“监”。十余年，然后拨历诸司，历事三年，仍留一年，送吏部铨选。其属于兵部、清黄和随御史出巡的，则以三年为期。后来因监生积滞的甚多，频减拨历的岁月，以资疏通。每岁拣选，优等的常常予以拨历的机会，其时间有未及一年的，于是监生在“监”进修的日见其少，而吏部听选时，人数多至万余人，有十余年得不到一官半职的。

2. 依亲例的宽纵　监生拨历，最初以坐“监”年月的深浅为依据。后来欲储存省京，以备急用，始为依亲之例。在家年月，亦作坐堂之数。其患病和其他事故，始以虚旷论。至是诸生互争年月资次，各援科条。礼部又定地理远近，水程日月作为标准。但文移往来，纷错繁揉，上下伸缩，弊端甚多，结果不能划一。

3. 各路贡举的失实　最初，岁贡必考品行端庄、文理优长的充任。后来但取食廪年深的，挨次而升。其衰老不振的，十常八九。举人坐“监”，又每每过时，差拨不敷，教养失效，乃令提学行选贡之法，不分廪膳增广生员，通行考选，务求学行兼优，年富力强和累试优等的，予以充贡。此法在初行时，颇多英才，人“监”课试，常居上等，拨历诸司，亦具才干；但行之一久，即奉行故事，大家都群起奔竞，士风嚣然了。

4. 诸司历事的歧视　学生历事，本欲其学习政事；但诸司中，对于重要政务，不使他们知道，即例行公事，亦不愿为之教导，于是历事其名，候选其实。所谓“历事”，也不过坐待岁月罢了。在思宗崇祯八年(1635年)，倪元璐请“拨历生，诸司教之政事，勿与猥杂差遣”。由此可见以前的差遣猥杂，并不教以政事。又吏部尚书郑三俊说：“国学积分，咨送太滥，概希正选，妄觊清华，未可轻徇。”则当时“太学”对于历事生的自贱和启人的轻视有由来了。

以上所述的四项弊端，并非“拨历制”本身的不良，乃奉行制度者的不善处理，有以致之。今后对于此种制度，如欲采择实施，“则以古为鉴，可知兴替”，似又不能不加以慎重注意了。

三、府州县学

明代除于南京、北京设立两个“国子监”，在府、州、县、卫无不有“学”，教养之法，亦甚完备。《明史·选举志》载：

“郡县之学，与太学相维，创立自唐始。宋置诸路州学官，元颇因之，其法皆未具。迄明，天下府、州、县、卫、所皆建儒学，教官四千二百余员，弟子无算，教养之法备矣。洪武二年，太祖初建国学，谕中书省臣曰：‘学校之教，至元，其弊极矣。上下之间，波颓风靡，学校虽设，名存实亡。兵变以来，人习战争，唯知干戈，莫识俎豆。朕唯治国以教化为先，教化以学校为本。京师虽有太学，而天下学校未兴，宜令郡县皆立学校，延师儒授生徒，讲论圣道，使人日渐月化，以复先王之旧。’于是大建学校，府设教授，州设学正，县设教谕各一，俱设训导，府四，州三，县二。生员之数，府学四十人，州、县以次减十。师生月廪食米，人六斗，有司给以鱼肉，学官月俸有差。生员专治一经，以礼、乐、射、御、书、数设科分教，务求实才，顽不率教者黜之。”

并且学有额田（《续文献通考》：洪武十五年四月，赐学粮，增师生廪膳。初制，师生月廪食米，人六斗，有司给以鱼肉，学官月俸有差。至是命凡府、州、县田租入官者，悉归于学，俾供祭祀及师生廪膳，仍定为三等，府学一千石，州学八百石，县举六百石，应天府学一千六百石，各设吏一人以司出纳，学生月给廪膳米一石），教有定规（《续文献通考》：“洪武二十五年，定礼、射、书、数之法：(1)颁行经、史、律、诰、礼、仪等书，生员皆须熟读精通，以备科贡考试。(2)朔望习射，于学校外，置射位，初三十步，加至九十步。每耦二人，各挟四矢，以次相继。长官莅射，射毕，中的饮三爵，中鹄欲二爵。(3)习书，依名人法帖，日五百字。(4)数学，务精通《九章》之法。”戴望《颜氏学记》：祁州学碑，刻洪武八年颁学校格式，六艺以律易御，礼、律、书为一科，训导二员教之，乐、射、算为一科，训导二员教之。守令每月考试，三月学不进，训道罚俸半月。监察御史、按察司巡历考试，府生员十二名，州八名，县六名，学不进者，守令、教授、训导罚俸有差，甚多则教官革职，守令笞四十。三代后无此学政，亦无此严法，谁实坏之？王源曰：三代以后，开创帝王可与言三代治道者，明太祖一人而已），学生的名额，亦复迭有增加（《明史·选举志》：生员虽定数于国初，未几即命增广，不拘额数。宣德中，定增广之额：在京府学六十人，在外府学四十人，州县以次减十。成化中，定卫学之例：四卫以上军生八十八人，三卫以上军生六十人，二卫一卫军生四十人，有司儒学军生二十人，士官子弟，许入附近儒学无定额。增广既多，于是谓初食廪者谓之廪膳生员，增广者谓之增广生员。及其既久，人才愈多，又于额外增取，附于诸生之末，谓之附学生员。士子未入学者，谓之童生）；但可惜后来学生仅注重考试，埋首时文，以致明初善制，逐渐废弛，提学官亦只分诸生等第（《明史·选举志》：提学官在任三岁，两试诸生，先以六等试诸生优劣，谓之岁考。一等前列者，视廪膳生有缺，依次充补；其次补增广生。一二等皆给赏，三等如常，四等挞责，五等则廪增递降一等，附生降为青衣，六等黜革。继取一二等为科举生员，俾应乡试，谓之科考。其充补方廪增给赏，悉如岁试，其等第仍分为六，而大抵多置三等，三等不得应乡试，挞黜者仅百一，亦可绝无也），不复问六艺的科目了。

兹将“太学”学生的分类和地方学校入学生徒的等第，略述如下：

1．“太学”学生，普通分为四类

（1）举监：举人、副榜；（举人等级）

（2）贡监：岁贡、选贡、恩贡、纳贡；（生员等级）

（3）荫贡：官生、息生、士官、外国生及勋戚大臣子弟；

（4）例贡：民生或各俊秀例监。（捐资入监）

自“太学”有捐资入“监”的例子，清流不屑与伍，资格也就日替了。

2．地方学校入学生徒的等第，分为五种

（1）廪膳生员；（有月廪）

（2）增广生员；（初亦月给米，后来以人多废止）

（3）附学生员；（初亦月给米，后来以人多废止）

（4）充场儒士；

（5）童生。

3．太学的班次共分六等

（1）率性；

（2）修道；

（3）诚心；

（4）正文；

（5）崇志；

（6）广业。

4．平时试验的法则　每季分孟、仲、季三个月份，分试“经义”“论”“诏”“诰”“表”“经”“史”“策”“判”。其积分法则分为“无分”“半分”“一分”三项。岁终升迁时，以八分为及格，不及格的留堂，超异的请皇上裁定。

5．升迁的程序　由“广业”起，积累渐达“率性”，约十余年而后“拨功”。所谓“拨历”，乃分发实习之意。考列上等的始获选用，中下等则历一年再考。就其历史说，初则入清华之选，出司巡按二司；其次亦可获历试诸司，或外知州县。后为“科举”所夺，内容日坏。及至“例监制”一行，更为世人所诟病，求一杂职而不可得。地方学生，则始终以“科举”为目的，上者中式，次为选贡，下者仅保存绅士的资格罢了。

6.“岁考”“科考”的等级为六等制

一二等有给赏；一等前列的，依次补“廪膳生”遗缺，次补“增广生”；三等如常；四等责打；五等递降一级；六等黜革。

7. 生员的定额　大概“府学”四十人，“州学”三十人，“县学”二十人。督学往往加取额外的生员。到张居正当国时，核减天下生员，督学者又迎合大臣心理，有一州县仅录取一人的情事（清代定额，不得任意加减）。

明代学校，虽为功令所重视，而事实上日为“科举”所夺，“社学”“书院”等乃代之而兴。当时官立学校，就“国学”言，不过借学籍以候拨选官；就地方言，不过借“科举”以希仕进。以致形成“名在学中，身在学外”的趋势，于是黉舍键户，学官守位，学校制度的精神，已无形消失了。

四、社学

明代于府、州、县学之外，有“社学”。太祖洪武八年（1375年）正月，诏天下立“社学”，并在诏中说：

“今京师及郡县皆有学，而乡社之民未睹教化，有司其更置社学，延师儒以教民间子弟，导民善俗，称朕意焉。”

于是乡、社皆置“学”，令民间子弟兼读“御制大诰”和“本朝律命”。洪武二十年（1387年），令“社学”子弟读“诰”“律”的赴京师，由礼部比较其所诵的多寡，次第给赏。

到了英宗正统元年（1436年），诏有俊秀向学的学生，许补“儒学”生员。孝宗弘治十七年（1504年），令各府、州、县访问明师，民间幼童年十五岁以下的，送“社”读书，讲习“冠”“婚”“丧”“祭”之法（《续文献通考》）。

当时官吏凡留心民事的，常以兴举“社学”为要务。如《王文成全书》“兴学社学牌示”中说：

“看得赣州社学乡馆教读，贤否尚多淆杂。是以诗礼之教，久已施行；而淳厚之俗，未见兴起。为此牌仰岭北道督同府县官吏，即将各馆教读，通行访择，务使学术明正、行止端方者，乃与兹选。官府仍籍记姓名，量行支给薪米，以资劝苦，优其礼待，以示崇劝。其各童生之家，亦各通饬行戒，务在隆师重道，教训子弟，毋得因仍旧染，习为偷薄，自取愆咎。”

又“社学”教读，且负有改良地方风化的责任。《王文成全书》颁行，“社学教条”说：

“先该本院据岭北道选送读刘伯颂等，颇已得人，但多系客寓，日给为难。今欲望以开导训诲，亦须量资勤苦，已经案仰该道通加礼貌优待，给以薪米纸笔之资，各官仍要不时劝励敦勉，令各教读务遵本院原定教条，尽心训导，视童蒙如己子，以启迪为家事，不但训饬其子弟，亦复化喻其父兄，不但勤劳于诗礼章句之间，尤在致力于德行心术之本，务使礼让日新，风俗日美，庶不负有司作兴之意，与士民趋向之心。”

复观王文成的“训蒙大意”（钱德洪《王文成年谱》训蒙大意：示教读刘伯颂等曰：今教童子者，当以孝、弟、忠、信、礼、义、廉、耻为专务。其培植涵养之方，则宜诱之歌诗，以发其志意；导之习礼，以肃其威仪；讽之读书，以开其知觉。今人往往以歌诗习礼为不切时务，此皆末俗庸鄙之见，乌足以知古人立教之意哉！大抵童子之情，乐嬉戏而惮拘检，如草木之始萌芽，舒畅之则条达，摧挠之则衰痿[萎]。故凡诱之歌诗者，非但发其志意而已；亦所以泄其跳号呼啸于咏歌，宣其幽抑结滞于音节也。导之习礼者，非但肃其威仪而已；亦所以周旋揖让，而动荡其血脉，拜起屈伸而固束其筋骸也。讽之读书者，非但开其知觉而已；亦所以沈[沉]潜反复面存共心，抑扬讽颂以宜其志也。若责其检束而不知导之以礼，求其聪明而不知养之以善，彼视学舍如图狱而不肯入，视师长如寇雠而不欲见矣，求其为善也得乎？)，亦可见当时教读督责幼儿之法，和儒者研究教育的学说了。

此外有“书院”制度，因宋元之间，“书院”最盛，到了明代就渐渐衰微，其原因在一般士子散处于学院的，皆聚集于两雍，故当时虽有“书院”的设置，但不甚兴盛。后来因“国学"的制度渐衰，“科举”的流弊很多，一般士大夫复行提倡讲学的方法，“书院”又因之而兴盛起来。如王阳明讲学的地方，有“龙岗书院”(在龙场)、“贵阳书院”(在贵阳)、“濂溪书院”(在赣州)、“稽山书院”(在浙江)、“敷山书院”(在南宁。均见《王文成年谱》)既然到处经营，隐然以复古学校为己任。同时邹守益筑“复古书院”(同上)、湛若水之建“白沙书院”(《明史·湛若水传》)，与阳明相应和，在阳明殁后，其门人和学者纷纷建书院以祀阳明的尤多(《王文成年谱》)。到了世宗嘉靖十七年(1538年)，因吏部尚书许赞之请，曾撤毁“书院”(《续文献通考》)，但依然有建设者，如混元、云兴等书院，皆建于嘉靖十七年以后。万历年间，张居正当国，再申严禁，亦未能尽革；及至居正事败以后，书院复兴起(沈德符《野获编》：书院之设，昉[仿]于宋之泰山徂徕及白鹿洞，本朝旧无额设明例。自武宗朝，王新建以良知之学，行江浙两广间，而罗念庵、唐荆川诸公继之，于是东南景[影]附，书院顿盛，虽世宗力禁，而终不能止。嘉靖末年，徐华亭以首揆为主盟，一时趋鹜者，人人自托吾道。凡抚台莅镇，必立书院，以鸠[纠]集生徒，冀当路见知，其后间有他故，驻节其中，于时三吴间竟呼书院为中丞行台矣。今上初政，江陵公痛恨讲学，立意剪抑，适常州知府施观民以造书院科敛见纠，逐遍行天下拆毁，其威令之行，峻于世庙。江陵败，而建白者力攻，亦以此为权相大罪之一，请尽行修复，当事者以祖制所无折之，其议不果行。近年理学再盛，争以臬比相高，书院聿兴，不减往日，李见罗在郧阳，遂折参将衙门改造，几为武夫所杀，于是人稍有戒心矣。至于林下诸君子相与切磋讲学，各立塾舍名书院者，又不入此例也)。明末书院最著名的有“首善”“东林”二“书院”(见《续文献通考》《燕都游览志》《春明梦余录》)，为魏忠贤所毁，魏阉败后，儒者复立“书院”，刘宗周的“证人书院”，尤为著名(《明史·刘宗周传》)。

明儒讲学之所，在书院以外，复有寺观祠宇的集会，月有定期，以相砥砺(《王文成年谱》)。王阳明的门人，集会尤盛；徐阶在灵济宫的集会，听讲的有数千人之多(见《明史·罗汝芳传》及黄宗羲《明儒学案·徐阶传》)。当时讲学的巨子，如钱德洪、陈时芳、王畿(以上三人，明史上都有传)，所至之处，集会开讲，至老不衰。随事举示，亦无安法(《明儒学案·耿定理传》)。樵夫、陶匠、农工商贾，无人不可听讲，无人不可讲学(《明儒学案》：樵夫朱恕，泰州草堰场人，听王心斋讲，津津有味，每樵必造阶下听之，饥则向都养乞浆，解裹饭以食，听毕则浩歌负薪而去。陶匠韩乐吾，兴化人，以陶瓦为业，慕朱樵而从之学，久之，觉有所得，遂以化俗为任，随机指点，农工商贾从之游者千余，秋成农隙，则聚徒讲学，一村既毕，又之一村，前歌后答，弦诵之声，洋洋然也），这实在是前古所未有的盛况了。

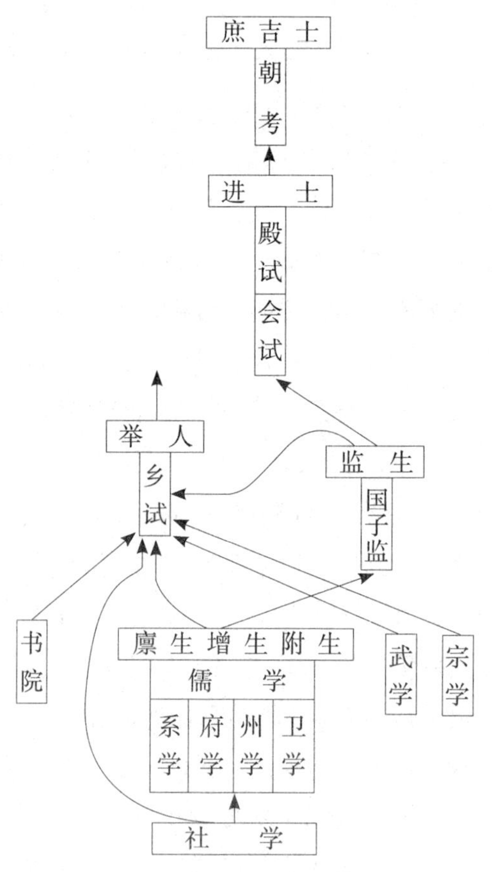

附图：明代学制系统图

第九章　清代的考试制度

第一节　清代的科举

第一目　清代科举的类别

国家政治制度的递嬗，时代愈后，则愈见完备。考试制度，到了有清时代，因积有千余年历史上的沿革，惩前毖后，用能多所揖益，益臻完密，借以发挥考试制度最大的效用；同时因国家情形较为复杂，故科名也比较明代为多，大别之可分为下列三类：常科（分文科、武科）；特科；翻译科。兹分别概述如下：

一、常科

清代科举最重要而最普通的，是常科一类。此类又分为文科、武科两种，所以表示文武并重。如《钦定皇朝通志》载："国家选举人才，共襄治理，文武允宜并用。今科中式武举应照文进士例，一体殿试，朕将亲行阅视。”

兹将常科考试的程序：时间和内容略述如下：

(一) 文科考试

1. 考试的程序

清代的科举，原系沿袭明代的制度，其程序可分为三个阶段：第一阶段是考“秀才”(“秀才”二字，出《史记·贾生传》，谊年十八，以能诵诗属书闻于郡中，吴廷尉为河南守，闻其秀才，召置门下，甚幸爱。而《儒林传》载公孙弘之议则曰：“有秀才异等，辄以名闻。”是秀才之名称已著于前汉。及后汉时，因避光武帝名讳，改称“秀才”为“茂才”，后始复原名。《晋书》：“王祥年垂耳顺，始举秀才，除监令。”是西晋时代始行此举。《旧唐书·杜正伦传》：“正伦，隋仁寿——高祖年号——中，与兄正玄、正藏俱以秀才擢第。唐代举秀才止十余人，正伦一家有三秀才，甚为当时称美。”唐《登科记》：“武德——高祖年号——至永徽——高宗年号，每年进士或至二十余人，而秀才止一人二人。”《旧唐书·职官志》则云：“秀才，有唐已来无其人。”杜氏《通典》：“初秀才科第最高，试方略策五条，有上上、上中、上下、中上凡四等。贞观——太宗年号——中，有举而不第者，坐其州长，由是废绝。《新唐书》：‘高宗永徽二年，始停秀才科。’士人所趋向唯明经、进士二科而已。”显庆——高宗年号——初，黄门侍郎刘祥道奏言：“国家富有四海，于今已四十年，百姓官寮[僚]未有秀才之举。未必今人之不如昔，将荐贤之道未至，岂使方称多士，遂缺斯人。请六品以下爰及山谷，特降纶言，更审搜访。”于此可见唐人对于秀才之重视。玄宗御撰《六典》，言凡贡举人有博识高才强学待问，无失俊选者为秀才；通二经已[以]上者为明经；明娴时务，精熟一经者为进士。《张昌龄传》：“本州欲以秀才举之，昌龄以时废此科已久，固辞，乃充进士贡举及第。”是则秀才之名，乃举进士者之所不敢承当者。《册府元龟》：“开元——玄宗年号——二十四年已[以]后，复有秀才举，其时以进士渐难；而秀才本科无帖经及杂文之限，反易于进士。主司以其科废久，不欲收奖，应者多落之。三千年来无登第者。至天宝——玄宗年号——初，礼部侍郎韦陟始奏请有堪此举者，乃令官长特考，其常年举送者并停。”《册府元龟》又言：“代宗朝，杨绾为礼部侍郎，请制五经秀才科，事寝不行。而《旧唐书·儒学传》：‘冯伉，大历——代宗年号——初，登五经秀才科。’则是尝行之而旋废耳。”又《文苑英华》“判目”有云：“乡举进士至省求试秀才者。初不听，求诉不已。赵岊判曰：‘文艺小善，进士之能；访对不休，秀才之目。’是又进士求试秀才而不可得也。”清代以生员而冒称此名，不知何故。《容斋三笔》：“秀才之名，自宋魏以后，实为贡举科目之最，而今世俗以为相轻之称。”明代初年，尝举秀才。洪武十五年，征至秀才数千人。如《太祖实录》：“洪武四年四月辛丑，以秀才丁士梅为苏州府知府，童权为扬州府知府，俱赐冠带。十年二月丙辰，以秀才徐尊生为翰林应奉，十五年八月丁酉，以秀才曾泰为户部尚书是也。洪武十八年十二月丙午，亦尝举孝廉。洪武二十年二月己丑，以孝廉李德为应天府尹是也。”此乃辟举之名，并非应用于科目之士，后世俗称生员为“秀才”、举人为“孝廉”，殊非确当），名曰“小考”，是以县为单位；第二阶段是考“举人”（举人之“举”字，来源甚远，孔子所谓“举贤才”，正属此意。古代诸侯岁贡士于天子，又有乡举里选之制，后世取士之法，将“贡”与“举”合在一起，混称之为“贡举”。《后汉书·韦彪传》:“二千石贤，则贡举皆得其人。”《唐书·选举志》:“唐制取士之科，多因隋旧，其大约有三：由学馆者曰生徒，由州县者曰乡贡，天子自诏者曰制举。”《宋史·选举志》:“礼部贡举，设进士等科。”所谓“举人”，即为“举到之人”。《北齐书·鲜于世荣传》:“以本官判尚书省右仆射事，与吏部尚书袁聿修在尚书省简试举人。”《旧唐书·高宗纪》:“显庆四年二月乙亥，上亲策试举人，凡九百人。调露元年十二月甲寅，临轩试应岳牧举人是也。登科则除官，不复谓之举人，而不第则须再举。”不若今人以举人为一定之名也——顾亭林《日知录》)，名曰“乡试”，是以省为单位；第三阶段是考“进士”(进士乃诸科目中之一科，而传中有言举进士者，有言举进士不第者。如唐孟浩然应进士不第，杜甫天宝初应进士不第，唐衢应进士久而不第……但云举进士，则第不第未可知之词，不若后人已登科而后谓之进士。故进士即举人中之一科，其试于礼部者，人人皆可谓之进士，试毕发榜，其合格者曰“赐进士及第”，后又广之曰“赐进士出身”“赐同进士出身”，然后谓之“登科”。所以异于同试之人者，在乎“赐及第”“赐出身”，而不在乎进士也。宋政和三年五月乙酉，臣僚言罢“进士”立“三舍之法”:“今赐承议郎徐禋进士出身，于名实未正，乞改赐‘同上舍出身’。”从之——顾亭林《日知录》。《大清会典》:“会试中式曰贡士，殿试赐出身曰‘进士’”，此本仿古之制。《礼记·射议》:“诸侯岁献，贡士于天子。”《疏》曰：“诸侯三年一贡于天子也。汉以后郡国选举之制，即古贡士之遗意。《后汉书·左雄传》:‘郡国孝廉，古之贡士。’”亦即此义，但后代无论殿试与否，皆称进士矣)，名曰会试(“会试”后仍须经过“殿试”)，是全国士子合在一起考试的。本来乡试以下的小考和廪生（廪生本名“廪膳生”，廪膳又名食饩，亦曰“食饩生”。“饩”字来源甚远，按《中庸》载：“既饩称事”。《注》：“既”读为“饩”，饩廪，稍食也。稍食谓月给其官俸也。《周礼·天官》：“均其稍食”。《疏》：稍则稍稍与之，月俸是也。又《管子注》：饩为生食，廪，米粟之类。按照以上所述，乃秀才食饩之后始为廪生，亦唯廪生始能食饩。其实最初并非如此，在明代初年，凡生员皆廪食，乃入县学——邑庠——读书，供给膳费之意。后因秀才日多，而国家经费有限，于是各州县学中之廪生，乃有限制，而有一定之名额）、贡生（“贡”字来源甚远。《礼记·射仪》篇：“诸侯岁献，贡士于天子。”《疏》曰：“诸侯三年，贡士于天子也。”《后汉书·韦彪传》：“二千石贤，则贡举皆得其人。”《明史·选举志》：“弘治中，南京祭酒章懋于常贡外，令提学行选贡之法，不分廪膳增广生员，通行考选，务求学行兼优，年富力强，累试优等者充贡。”贡生又名“明经”，其来源亦甚远。汉初即以明经射策取士。《汉书·平当传》：“以明经为博士”。《后汉书·章帝纪》：“元和二年，令郡国上明经者，口十万五人，不满十万三人。”唐制：取士之科有秀才、明经、进士、俊士、明法、明字、明算等；而明经、进士两科，最为士流所重。盖当时以诗赋取者谓之进士，以经义取者谓之明经。至宋神宗时，王安石变法，改以经义论策试进士，而明经遂废）、监生（监生者，国子监肄业生也，简言之曰“监生”。“国子监”者，国学也，乃国家之大学，晋代名曰“国子学”，北齐改为“国子寺”，隋炀帝时改为“国子监”。《北史·儒林传》序：“炀帝即位，复开庠序，国子郡县之学，征辟儒生，远近毕至。”此为国子监收学生之最显著者）等，都属于入学性质，自乡试以上，才是科举性质，原应分别开来，但因明清两代学制较密，益与科举相混，其中只有书院（详见本章第二节）乃是真学校性质。兹为符合世俗观念和阶段分明起见，姑将乡试以下的小考亦列入科举范围，加以说明；至入学肄业情形，俟第二节（清代学校和科举相辅而行的制度）另行叙述。

（1）小考。由童生考秀才分为三级：一为“县考”，计有四场或五场；二为“府考”；三为“院考”，分“科考”“岁考”两种。县考是由知县主持，凡县属考生，名为“童生”，须具备三种保结：①由当地乡约地保具备保结；②由邻居各具保结，证明该生身家清白，并非娼优隶卒的子孙，亦无冒报籍贯和冒名顶替的情事；③由考生自书亲供，填写祖宗三代姓名，并另请廪生一人作保，名曰“认保”。更为防范认保与考生通同作弊起见，再由儒学老师指派廪生一人加以监视，名曰“派保”。考生必须办妥这三种手续，才准许下场应考。县考最少分为五场（各省情形不同，有多至六七场的），每场发榜一次，每次总要淘汰掉若干应考人。最后由县官将被录取人员名册具报本管知府，使参加府考，其程序和县考大致相同。府考完毕以后，由知府将被录取人员名册，造送学政举行院考。院考是由学政主持，由皇上钦派学政（俗称学台）赴各省去主持考试，其全部官衔为“钦命提督某省学政”（一称“学院”，其身份等于钦差，因此他与一省的最高行政长官的巡抚在地位上是平等的，巡抚既称“抚院”，则学院衙门便称“学院”，院考的名称即由此而来）。学政到省以后，即在各府、州划定试区，巡回按临考试。又因为要考试武生，故加上“提督”的官衔，以示崇隆之意。被任命为学政的人选有一个先决条件，便是必须是科甲出身——进士而经由翰林院出身的人员——才能担任。

其他人员无论他的官爵怎样高，也没有被选的可能，这样以本身是科甲出身而去主持考试，自可使人心悦诚服了。院考分“岁考”“科考”两种，大都是考完生员，再考童生，其时间虽然是三年当中举行两次，即俗语所说“三年两头考”，但在边远省份的府、州，例外可以同时先后举行。名为“科岁并行”。岁考的目的在考取童生“进学”(“学”乃当时所设立之学校，等于古代之庠序或现代之学校。明清以来，称州县中之学校曰“邑庠”。童生小考被录取者谓之“进学”，即得以进入州县学读书之意，所以新进学之秀才，自称“新入邑庠某某”，或称“庠生某某”。无称秀才二字者)和考查已经进学的生员的勤惰。科考的作用：以次年大比，先以此试、考核优劣，录取若干人，预备参加次年的乡试。

介乎秀才与举人之间，还有几个名目应该附带说明一下：

A. 附生：进学后的秀才，旧制称为“府学附生”或“县学附生”，学台每三年举行一次“岁考”，附生必须参加，不能逃避。除年届古稀呈请免考，国家照例可给予附生衣衫顶戴，叫作“衣顶荣身”，准免考试以外，其他只有父母死了，可告丁忧假，或是远游，可告游学假，才可以免试；但最多只能连告两次，第三次则非考不可，虽离家数千里之遥，也得赶回来应考，否则便要革掉秀才了。向例秀才应岁考，其成绩高下的等第多至六七等：一二等为优等，三等为中等，四等则须随棚考试，五六等就要受责罚，七等则立刻革掉秀才的功名。这种考试是整考一辈子，倘若当不了贡生，则永远要考，考到老死为止。由此可见国家对于秀才的管理，就显得特别严格。举行此种岁考的最大作用：一方面是为防止附生的学业怠荒，精神松懈；一方面是为附生觅取一个升进的机会。因为秀才乃是国家初步选拔的人才，应当设法培植，使其学识增加，逐步上进，以为将来担当国家重任的基础。这种培植人才的方法，颇值得研究考试制度的人士加以研究。

B. 增生：附生经岁考列入一等的，可以升补增广生员，简称“增生”。

C. 廪生：由增生再考列入一等的，可以升补廪膳生员，简称“廪生”。每年由官方给予廪粮，都是按八折发给，大都为教官所领去，但名义上总是有的。凡童生应试，非有廪生作保，便不能入场，而且只有廪生才能作保，武童考试也是如此。补廪是有年度的限制，如岁考列入一等，到科考时尚未补廪，则以后纵有廪生缺出，亦应由科考名列一等的递补。

D. 贡生：清代制度，府、州、县各有学，由这三种“学”中选出生员成绩最优的，保送到国子监去读书。国子监是国家的最高学府，故亦名“国学”，这便是由地方把这些人贡献于国家，故曰“贡生”。因为他们出了府州县的学，府州县学都管不着他们，也可以说是贡献出去了，所以俗语又称为“出贡”。贡生计有五种，兹分别略述如下：

a. 岁贡：岁贡亦曰“岁贡生”，凡在府州县学中的生员，食饩年久的，每岁或数岁选一二人，贡至京师，入国子监肄业，这就名为“岁贡”。年资在前的廪生，遇有贡生缺出，就可以依次升补贡生，事实上也不必到国子监去肄业。

b. 恩贡：恩贡亦曰“恩贡生”，实际上恩贡就是岁贡，不过是在皇上加颁恩典时而得到的，便名为恩贡罢了。按，“岁贡”是每岁或数岁由府州县学中选拔一次，这是有定期性的。“恩贡”则在国家有大庆典时才有，例如皇上登基、万寿、大婚、凯旋等大庆典的年份，则有诏书命各府州县选拔人才，贡至国学，这因为是加恩所得，于常贡之外，特别增加了这么一次机会，尤其对于那些中不了举人的秀才们，可以沾到一些恩泽，这是含有怀柔市惠的作用的。

c. 拔贡：拔贡亦曰“拔贡生”，始于清代，每十二年（逢到酉年）由学政在各府州县学生员于岁科考试时，得过了两次优等，又文章品德兼优的贡至京师，准应“朝考”。取列一等的授七品小京官，分部任职三年，即升六品主事，其次分发各省任知县；二等的任教谕或直隶州州判；三等的任训导（教谕、训导都是教官）。

d. 优贡：优贡亦曰“优贡生”，也始于清代，各省学政三年一任，任满例选优行生赴京朝考，由各府州县教官保学优行廪生若干人，送由学政考试后，在乡试前会同巡抚保送至中央。大省考取六名，中省四名，小省二名，是为“优贡”。次年到北京应“朝考”。考列一等的任知县，二等的任教谕，三等的任训导；但不得任小京官。更有一个特点，每次考试优贡，必须照额加倍取录“陪贡”若干名，如遇正贡中有乡试中式的，则依次递补。

以上岁贡、恩贡为一类，无朝考，无任用，不过是老诸生的头衔。拔贡、优贡为一类，皆经学政合省会考，保送中央，复经“朝考”授官，而优贡尤可贵，因一省的定额有限，非好手不能幸致，前清由优贡至朊仕者指不胜屈。

e. 副贡：副贡亦曰“翻贡生”，创于明代，不论乡试、会试，于所取正卷以外，别取若干名，名曰“副榜”。清代的制度，只乡试有之，举人当然列入正榜，如名额已满，尚有应取的好卷子，则多取若干名，送入国子监肄业，这叫作升入太学，因姓名不列入正榜之内，故名曰“副榜”，亦曰“副榜贡生”，简称“副贡生”，再简曰“副贡”。举人可以应会试，副榜则不能参加，如要想中进士还得再应乡试，中了学人之后方准去应会试。

E. 监生：《明史·选学志》：“学校有二：一曰国学，二曰府州县学。诸生入国学者，乃可得官，不入者不能得也。入国学者通谓之监生。举人曰举监，生员曰贡监，官员子弟曰荫监，纳赀捐得者曰例监。”

在明代已经建立此种制度，到了清代就更加复杂了。兹分别略述如下：

a. 恩监：由八旗（清代兵制。太祖时，分黄、白、红、蓝四旗；嗣以部属日众，加置镶黄、镶白、镶红、镶蓝四旗为右翼，而名初设之正黄、正白、正红、正蓝四旗为左翼，是为满洲八旗。太宗时，又以蒙古人之归附者编为蒙古八旗。崇德间，又以汉人之归附者编为汉军八旗。其编制为每三百人设一佐领，五佐领设一参领，五参领设一都统，领七千五百人。其后旗丁繁殖，每一佐领辖兵增至四百数十人，满、蒙、汉二十四旗，共有二十八万人。除拱卫京师外，并分驻于各省重要城镇。光绪末年，以旗兵安居日久，日就颓废，曾一度加以整顿，而成效殊鲜。迨新建陆军兴，八旗旧制尽废）汉文官学生或圣贤后裔考取。

b. 荫监：荫监分“恩荫”“难荫”两种。“恩荫”是文武大臣俱得送一子入监；“难荫”是殉难臣工得荫一子入监，不限品级。

c. 优监：学政于任满时，选送附生来补增生或廪生的报考入监，其手续和优贡生相同。

d. 例监：例监是纳资而得的功名。依其纳资数目的多寡，有得报考乡试的，有不得报考乡试的。

监生的身份，最初本与贡生相近而略逊，故“贡监”并称，而其考识授官的方式，亦多相类。到了清季，“例监”为捐纳入官必由之路，“监生”即表示捐班出身，为士林所不齿。如或犯罪，则地方官可随时勾销其捐状而加以笞责，较之正式考试出身者则相差悬殊了。

（2）乡试。清代科学制度，每逢子、卯、午、酉年份的秋天学办乡试一次，称为“秋闱”。三年一度，很少有变更的。但如遇有皇上太后万寿、登基、大婚礼等大庆典，则另开“恩科”一次，不拘上述年限，乃是加给读书人进取的机会。或遇有大规模的凯旋，也有时特别举行一科。乡试是由中央直接派大员主持，照例是两人：一个是主考，一个是副主考。主考和副主考的人选，也与学政相同，必须是经由翰林院出身的科甲人员。一经钦命派定，就在寓所大门前张贴“回避”二字，不准见客。出京后，沿途驰驿而行，由所在地方官供给食宿。到省以后，与督抚亦不能交一言，以防暗通关节。主考入闱以后，各房同考官也要同日濮被入闱，此时即将场门封闭，断绝内外交通。这些同考官亦称“房官”，大都是举人进士出身的实缺州县官，在七月底奉调齐集省城，经过督抚一次考试，然后才能得到这种差使，名曰“调帘”，亦称“帘差”，其回避办法和主考相同。凡省份大、举子多的地方，可多至十八房，少则八九房。房官入闱以后，即住在内帘，不准与外帘通消息（春秋两闱均分内外两帘：内帘是专管出题和阅卷，外帘是专管试务的），批阅试卷并须用蓝笔。在闱内能用墨笔的，只有正副主考两人，处处都是为防弊而设，真是非常严密了。

每届乡试之年，学政将所录取的科考秀才，造册送请主考考试，其未经科考录取的，学政也可以临时补考一次，名曰“录遗”，与前次科考录取的同下学场。至下“顺天乡试”的秀才，如非直隶（河北）省本籍的人士，则须加捐一个，“监生”（须加捐一百零八两银子）。所谓“顺天乡试”，是一种特殊制度。因各省乡试，非本省人应考不可，否则就是冒籍。而“顺天府”为帝都所在，凡是中国人都有应考的权利，这完全是为一般士子一时不能同籍应考而就近可在京城应考的救济办法。但有一个特点，即中“解元”（唐代科举制度：进士由乡而贡曰解额。《国史补》曰：外府不试而贡者，谓之拔解。《宋史·选举志》：天下之士，屏处山林，令监司守臣解送。又《职官志》：入额人一任实满四年与解发赴铨。此类记载甚多，所有注语，皆曰“发”者，乃发往之义，亦有征发之义。盖征求出来之后，发往政府再加考试及甄别录用。《明史·选举志》：“士大夫通以乡试第一为解元。”）的非直隶省籍的人士不可，而各省的举子心有不服，尤其是南方省籍的人士，于是将每科第二名的举人，称为“南元”，也不准取录直隶省籍的人士了。

（3）会试。士子中了举人以后，须在乡试的第二年（丑、辰、未、戌年）二月内到达北京，新科举人须先下覆试场，然后参加会试，被录取的名为“中式某某科贡士”，考取第一名的称为“会元”。会试的主持者不称主考而称“总裁”，其资格必须是翰林出身，官在尚书（一品）以上并且年高德劭者充任。会试发榜十天后，举行“殿试”，是由皇帝临轩亲自考试，是在保和殿举行，殿试不到的虽然可以“告殿”，但必须等到三年后下科殿试时，才能补考，称为“补殿”，补殿的考卷纵然很好，照例不能列入前三名。殿试在名义上是由皇帝亲自主持，但实际上主持的是十二个读卷大臣（关于殿试之上谕，有“朕将亲览焉”字样。此种试卷，应由皇上亲阅，所以阅卷大臣不曰“阅卷”而曰“读卷”，更不能称为主考或总裁，因为殿试之主考或总裁，乃由皇上亲自担任之说)，这些人不是大学士，便是尚书，最低限度也得是侍郎。参加殿试的贡士人数，固定为三百六十人。贡士所答试卷先由读卷大臣分阅，评定甲乙后，将最好的前十本卷子进呈御览，听候皇上钦定。一甲三名：第一名在传统上称作“状元”(状元之名词，始于唐朝。《养新录》：进士第一人称状元，起于唐，至今因之。唯宋朝之状元，则不必一定第一名，第二名第三名亦有此称。明朝始正式规定。《明史·选举志》：一甲止三人：曰状元、榜眼、探花，赐进士及第。又云：状元、榜眼、探花，制所定也)，第二名是“榜眼”(榜眼之名词，始于明朝，宋朝虽已有之，但在宋时，第二名、第三名皆名“榜眼”，如榜之左右目也。按，《称谓录》载：榜眼名目，始于北宋，古者原以第二三两名，为一榜之眉目，眼必有二，故第二、第三皆为榜眼，后以第三名为探花，遂专以第二名为榜眼，又按，以一甲第二人为榜眼，第三人为探花，至明朝始为定例)，第三名是“探花”(探花之名词，始于唐朝，但彼时探花之性质，与明清两朝不同。据各种笔记载：唐朝进士及第之后，在杏园宴会，名曰探花宴，一定在同榜中选出年龄最少者二人，遍游名园，探采名花，谓之探花使，亦曰探花郎。宋朝初年，仍然如此，皆不限定第三名。《称谓录》载：戴埴《鼠璞》云：本朝故事，吴旦榜，冯拯为探花，太宗赐诗云：“二三千客里成事，七十四人中少年。”《蔡宽夫诗话》亦但言择少年为探花，今独以称鼎魁，不知何义云云。按，戴埴为宋朝末年人，观其语气，是宋朝永以年少者为探花。及南宋时，始以第三名为探花，一直至清代末年，仍然如此），称为“赐进士及第”；并随即授职，状元授为“翰林院修撰”，榜眼和探花授为“翰林院编修”。二甲约一百余名，第一名称作“传胪”（胪者，传也。《史记·叔孙通传》注：“上传语告下为胪。”所以用此二字者，乃将皇上之语，传与各新进士之意。又云“殿前点名”，乃大臣替代皇上点名，故曰“传胪”，又曰“胪传”，亦曰“胪唱”，即宣旨唱名也。《梦溪笔谈》载：“进士在集英殿唱第，皇帝监轩，宰相进一甲三名卷子，读毕，折视姓名，则曰某人，由是阁门承之以传于阶下，卫士凡六七人，皆齐声传其名而呼之，谓之‘传胪’。”前清时代，新进士殿试后召见，宣旨唱名，传呼而入，谓之“胪唱”，亦曰“胪传”），统称为“赐进士出身”。三甲约二百余名（一、二、三，三甲总共三百六十名），统称为“赐同进士出身”。

殿试之后，二、三甲还有朝考（雍正元年，新科进士于引见前，由皇上再加考试，视其所能，是为进士朝考之始）一场，然后普遍授官。先由军机处将贡士覆试、殿试、朝考三场的名次，斟酌妥当，拟具官职，由皇上依次钦点，举行“大传胪”，雅称“胪唱”，由二甲第一名唱名，故名为“传胪”。其拟议标准，如：殿试二甲，覆试、朝考俱一等，其数为四，就应该点翰林。殿试二甲，朝考一等，覆试二等；或殿试三甲，朝考、覆试俱一等，其数为五，也可以点翰林。殿试三甲，朝考一等，覆试二等；或殿试二甲、覆试、朝考俱二等，其数都为六，就应该点主事或中书（皆官名）。至点数在七、八之间，可以内外并用；数列九点的，则为外官的知县。朝考列一等的，则不论点数多寡，大都点为翰林。胪唱已毕，就举行“琼林宴”（琼林宴起源于宋朝。按，琼林苑在汴京，为宋时苑囿名称，恒宴新进士于此，后改名为“闻喜宴”。《宋史·乐志》载：“政和二年，赐贡士闻喜宴于辟雍，罢琼林苑宴，故后亦曰闻喜宴。”又《宋史·选举志》载；“闻喜宴分为两日，宴进士，请丞郎大两省；宴诸科，请省郎小两省。”又《明一统志》载：“琼林苑在开封府城西，宋常宴新进士于此。”后遂沿称殿试发榜后，赐宴新进士曰“琼林宴”。前清改名曰“恩荣宴”，不过仍沿用琼林宴之名，例由礼部主办，宴时有音乐，且有歌唱之乐章，载在《律吕正义后编》)，由皇上赏给袍褂衣料，并发给旗匾银两。琼林宴后，凡点翰林的送入翰林院庶常馆，称“庶吉士”(明太祖采《周书》庶常吉士之义，置庶吉士，六科及中书皆有之；永乐中始专隶于翰林院。进士之为庶吉士始于洪武十八年。天顺二年后，非进士不入翰林，非翰林不入内阁，而南北礼部尚书侍郎及吏部右侍郎非翰林不住；故庶吉士始进之时，已群目为储相。清初庶吉士传由保举，宜雍正有朝考后，犹与保举兼行；乾隆二年，始罢保举，专以朝考次之)。三年后，再经朝考，二甲授为“编修”，三甲授为“检讨”。主事分部，中书到内阁。即用知县在吏部抽签，决定分发省份，给凭赴省，其名次最后的，则以知县归班候选。

此外国家为储训大用的人才起见，对于翰林进入翰林院之后，掌院学士例须分派教习，教以治国平天下的学问，月有考课，不容荒疏，并且有皇上不定期的“大考”。先一日，皇上颁发上谕，凡属应试的人，凌晨即须齐集试场，不准临时请假。自内阁学士兼礼部侍郎衔以下的翰林简称曰“翰”(翰林院全体)、“詹”(詹事府全体)、“科”(都察院六科给事中)、“道”(都察院各道御史)，无论年龄大小，不准有一个能够幸免的。俗语说：“秀才怕岁考，翰林怕大考”，就是这个缘故。

不过大考虽然极其严格，升赏却极其优厚。凡属考列一等的，即可超三级升用；考列二等的，亦可连升三级任用。每届乡试或会试的年头，还有“试差考试”，被录取的由军机处存记，按期简放主考学政。学差三年一任，还可以继续连任下去，更可以径放巡抚。可见进士翰林这一级，有一个好出身，将来能够做大官，而事情清闲，一面读书修学，一面获得许多政治知识，即使放到外省做主考，也是旅行各地，多多体察民情风俗，多多认识朋友，如是多年，才正式当官任事，因之许多政治家、学问家，都是从翰林里出来的（参考钱穆著《历代政治得失》）。这实在是国家故意培植人才的好制度了。

2. 考试的时间

明清两代的科举制度，平常说是三年考一次，如按各个阶段说，那是三年考一次，如按全体来说，那是每年都有考试的。当时社会上都流行着说:“子、卯、午、酉，丑、辰、未、戌。”

前四字为“乡试”之年，后四字为“会试”之年，在地支一轮十二值年头之中，已占去八年，其余“寅、巳、申、亥”四年，那便是“小考”的年头，足见国家的考试，是每年都要举行的。

考试制度演变到清代，愈趋严密。自宋代以来，秋试（乡试），在八月间举行，春试（会试）在二月间举行。元、明两代，沿袭未改。明神宗万历年间，曾有人主张春试改在三月间举行，原因是二月重裘，易于怀挟，当时经人驳斥，终未改期。但到了清代，真改春试在三月间举行了。一说是天气已暖，不须呵冻；但另一原因，却是人穿单袂，不易怀挟。其他如截角、登蓝榜、弥封、绣号、朱卷、誊录、锁院等种种关防，完全像提防奸宄，而不像在甄拔人才了。

乡试是每三年逢子、卯、午、酉年举行一次，在各省省会和顺天府分别举行（如非正科之年，经特旨举行的则为“恩科”）。每次凡三场，每场三天。第一天是点名入场，第二天是整天作文章，第三天缮写完毕缴卷。以八月八日起为第一场，到十六日三场完毕，应考举子经过九天的禁闭，又须料理自己伙食，可谓疲惫已极。等到九月初十日左右发榜，中式的就是“举人”了。各省举人的名额，均有规定，例如江南省（即今之江苏、安徽两省）一百十四名，浙江省九十四名等。

会试也是每三年逢丑、辰、未、戌年，在乡试的次年举行一次，集中在京师（北京）举行。应试举子大致是二月底即须到达北京，新科举人须先下覆试场，三月初八日会试开场，规制和乡试大致相同，也是三场九天，十六日完毕，四月十五日发榜，被录取的名为“中式某某科贡士”。殿试在会试发榜后十一日举行，到五月初一日发榜，谓之“传胪”，被录取的就是“进士”了。

3. 考试的内容

清代考试的内容，大体因袭明制而略加损益，兹分别略述如下：

“小考”计有“县考”“府考”“院考”三级：“县考”计分四场或五场：第一场试一文一诗（试帖诗），文字通顺者即可录取；第二场仍试一文一诗，文字低劣者淘汰若干；第三场试一赋一诗，或试以一策一论，又将程度较差者淘汰若干；第四场试以小讲三四艺；如考官要考第五场的亦须应考。“府考”由署主持，系就州县童生而加以再试者；但直隶州厅属的童生，则无此种考试。“院考”童生正场，通常分两次放榜，初步选择，都是按各府州县应行录取的定额，加倍录取，所出的榜名为“招复榜”，即招来复试之意。榜式的排列为圆圈形，仅写正场的座号数字，不写姓名，亦无首尾之分，以示不分次第。招复试将应行录取的标准确定以后，再拆弥封，书写录取人的姓名，正式放榜。当学台巡回按临各府州（直隶州）考试时，大概分为三场:（1）书院场（策论）;（2）经古场（律赋、试帖诗），（3）正场（八股文、试帖诗）。前二场的考试，各省情形不一，或竟只考一场，生童应试与否，悉听其便，至正场正榜录取的童生，那就是“秀才”了。

童生考取秀才以后，叫作“进学”，“学”有“府学”“县学”的分别。府学大都无直辖的地区，院考放正榜时，所有各县拨入府学的秀才，姓名上即盖有“拨府”二字的红戳。府学生员于学台启程回京复命以后，不待散归各县，即由知府送往府学入学。其他秀才回县，则另由县官定期召集，送至县学（儒学）入学。“入学”是地方人士很注重的典礼，秀才先到孔庙中，环绕泮池一周，这叫作“游泮”或称“人泮”（泮池作半圆形，中架一桥，古时天子曰“辟雍”，诸侯曰“泮宫”，秀才入学，必先游泮，故又规定凡考取秀才满六十年的兹有“重游泮水”的典礼）。游泮已毕，即到正殿祭孔，随后至儒学中的明伦堂前序立，先由县官向儒学教官（通称“老师”）行宾主礼，继由新生对县官和老师行一跪四叩首礼。礼毕，教官送走县官，即在明伦堂命题考试诗文，而后乃为正式入学。各学秀才的名额，多少不等，视各县的人口、赋额乃至文化教育水平而定，多者三四十名，少者只有八名或六名，遇有捐输报效特多特大的县份，国家也可以增加“增广生”的名额。

“乡试”“会试”均各分为三场，每场三天。顺治时代，第一场试“四书”三题、“五经”各四题，应试士子各占一经。对于解经的标准：“四书”以《朱子集注》《易经》以程朱二“传”、《诗经》以《朱子集传》《书经》以蔡氏“传”、《春秋》以胡氏“传”、《礼记》以陈澔《集说》为主。由这一点看来，可见清代的教育，完全以宋儒学说——尤其以程朱学说——为标准了。第二场试论一道，判五道，诏诰表内科一道。第三场试经史时务策五道。到了康熙初年废制艺，考试用策论，未几恢复顺治时代的制度。乾隆时代，改定第一场考三篇制艺，包括一道《论语》题，一道《孟子》题，一道《大学》《中庸》题；另外一首五言八韵的试帖诗。第二场考《诗》《书》《易》《礼记》《春秋》五道经题；会试加五言八韵的试帖诗一首。第三场考对策五道。自改试策论以后，头场是五篇论文，第二场是五篇对策，第三场是三篇“四子书"经义。三场考试以第一场为最重要，考试项目以“经义”为主。自改试策论后，废除誊录的朱卷，考官要直接阅看举子的墨卷，字体必须工整，如有添注涂改，在每篇文尾，必须双行书写“添注若干字，涂改若干字，通共添注涂改若干字”，以防弊窦发生。而且清制，试卷的缮写，如犯有任何的重大错误，第二场即用蓝笔填写榜示，叙明犯规的缘由，名为“蓝榜”，次一场就取消应试的资格，不准入场了。

在先举子缴卷以后，先由外监临在卷上撕去人名，弥封妥当，交誊录员照抄，须用原笔抄完，再行校对无误送至内帘房官处评阅，用蓝笔圈点。遇有好的卷子便加批加签荐举，这叫作“荐卷”，特别推荐的叫作高荐，送到主考处，经几位主考复阅都认为可以取中的，由正主考加以复核。才算正式规定。主考也可以在“落卷”（即房官抛弃的卷子）中再事搜寻，这叫作“搜房”，以免埋没人才。到了发榜时，如名额已满尚有好的卷子，便中为“副榜”，再有好的卷子，便作为“备卷”，又叫作“备中”，亦叫作“堂备”。“备卷”的意思，是因为所有取中的举人或副榜，都已在卷面写好名次，倘其中有一本临时发现弊端，即用此备卷补换。照这样说，是备卷还有得中的希望，不过机会太难罢了。放榜以前，主考先将中式的文章，择优发交衡鉴堂刻板付印，这就是通常所称的“闱墨”。

关于乡试放榜情形，由正副主考会同充当监临的督抚和本省学政，率同各房同考官，升坐至公堂，拆开弥封，先由第六名起将弥封册上所列的姓名号数，核对无误，然后用朱笔书写某某中式名次，等举人姓名拆完，再拆副榜的弥封。最后由第五名的试卷拆起，每唱一名，书写一名，依次倒写至第一名“解元”为止，通称为“五经魁首”(“五经魁首”为举人中之名列前五名者。因为在前五名之中，以研究五经者，必须各占一名，例如第一名为专门研究礼记者，则以后四名，不得再有礼记专家，每经总须各占一名。简言之，前五名乃每种经学之第一名，故名曰“五经魁首”，简称“经魁”。按，此种规定始于明朝。明代科举，分五经取士，每经首选一人曰“经魁”，五经之魁曰“五经魁”。《称谓录》载:“国初乡试，必先陈明所习何经，其中额亦即分经取中；中额既分经酌定，即每科目第一名至第五名，必于五经各中一名，而每名各居一经之首，故世有五经魁首之称。”此种称呼，一直传至清末，其实清代以前尚系如此，嗣后已不再分开)。督抚于新科举人发榜后，特设“鹿鸣宴”(此种典礼始于唐朝。按，唐代制度，诸州贡士，行乡饮酒礼，歌鹿鸣之诗，故后世呼为“鹿鸣宴”。清代则于乡试揭晓后数日内，由礼部设备筵席，宴请主考以下各官员及新中式举人，仍名曰“鹿鸣宴”）宴请主考官同考官和全体举人，庆贺国家得人，并为举人插戴金花，另给旗匾银两，以资奖励。

举人大挑。旧制，朝廷为广收人才，还有大挑制度，以经过几次会试之后，凡未能考中进士的举人，都可以报名应试，由钦派的大臣主持。应试者每排二十人，至公案前依次长跪，高唱本人履历，各大臣详加谛听后，观察应试者的容貌和身体以定去取。挑得一等的签分各省任知县，二等的任教官或直隶州州判。

共属于满洲生员应“乡试”的，则加试骑射，如将武艺不行的取中，则监箭官和中式者一并从重治罪，足见清廷对于本族教育仍注重尚武之意。其属于宗室的子弟，则令其学习满文，训练骑射，不许应试，但亦偶有允许的。

“会试”的内容，大致和乡试相同，凡考中举人得赴京参加会试。会试前，先应礼部一次复试，这是一种例行手续，无关得失。会试录取后，再在保和殿举行一次复试，也是照例举行的，最后乃为殿试，亦在保和殿举行，由皇上亲自策问，令贡士条举以对，对策卷子有一定的格式，字体须非常工整（以前状元、榜眼、探花和翰林的字写得都很好，即以此故），并不许添注涂改。策文不限字数，好手多写满卷子完卷，最短以一千字为准，不足千字以不中式论，以及不能完卷的都置在三甲之末。会试、殿试的隆重，较之乡试，是有过之而无不及的。

总之，清代的乡试、会试，其应试的手续、科名的给予、官职的加授等等，大致和明代相同；所不同的，国子监的贡监生，在明代可应会试，而在清代只能参加乡试。又雍正元年(1723年),新科进士于引见前,由皇上再加考试,视其所能,为"朝考"的开始规定罢了。

(二)武科考试

清代于文科考试以外,尚有"武科考试"。武科小考和乡、会试的年月,和文科相同,都是考完文的再考武的;但考试的内容大异,分"术科"和"学科"两大类,尤以"术科"为主要。第一、二两场考试"术科",第三场考试"学科"。第一场"术科"试骑射;第二场"术科"试步射;第三场"学科"试论二道、策一道。论题一道以《论语》《孟子》为范围,一道以《孙子》《吴子》和《司马法》为范围。经过武科小考、乡试、会试考取的,也分别叫作"武秀才""武举人""武状元""武进士"等名称。

二、特科

"特科"的名称,如"山林隐逸科""博学鸿词科""孝廉方正科""经学直言科"和"经济特科"等,皆有明诏,而以"博学鸿词科"的恩遇最隆。其举行的目的,大多在网罗明末遗老,借以泯除他们恢复故国的思想和甄拔在野学者名流所特设的。这一类的考试,不限于一定的程序,也没有一定的期间,而且举行的次数很少。康熙十七年(1678年),曾诏举"博学鸿词科",凡有学行兼优、文辞卓越之人,不论已仕未仕,令在京三品以上及科道官员,在外督抚藩臬各举所知,次年试于体仁阁,注重诗赋,无关实学,得五十人,俱授以翰林官。乾隆元年(1736年),又在保和殿举行,兼重经史制策,得五十人,这已近于科举化了。光绪二十三年(1897年),从贵州学政严修的建议,设专科以收实用,逐开"经济特科",试以论策,得二十五人,其结果亦仅仅略升录取者的官职。至于历次南巡招试之举，则为科举中的恩科性质，更不足以言“特科”。但乾隆时的经学科，严密慎选，得陈祖范、吴鼎、梁锡玙、顾栋高四人，最后荐之；遂仅呈他们的著作，不再加以考试，或以国子监司业用，或因衰病而授司业衔，尚不失“特科”的本旨了。

三、翻译科

清代对于八旗满蒙子弟另有一种鼓励的办法：即能将汉文译成满文或蒙古文的，一律给以“秀才”“举人”或“进士”等科名。每三年之内，考取秀才二次，举人一次，进士一次。考试翻译秀才的内容：满洲人初试马步箭；正式试验，则译四书直解三百字为满文。蒙古人不试术科，只将清字《日讲四书》限三百字译成蒙文。翻译满文的乡、会试仍分三场：第一场将《四书释义》《易经解义》《性理精义》《孝经衍义》《大学衍义》《古文渊鉴》《资治通鉴》等书限二百字以内，出题三道，译成满文；第二场由汉主考官或出判论，或出表策，自拟二篇，令举子翻译，第三场翻译于入场后，取现到通本一道为题；但开始照例必先考试马步箭，方准入场。翻译蒙古文的乡、会试较为简单。第一题翻译清字《日讲四书》三百字，第二题翻译清字奏疏一道。

所谓“满州翻译科”是译汉文为满文，“蒙古翻译科”是译满文为蒙文。两科的乡、会试都各合在一闱举行，一在东文场考试，一在西文场考试，出榜时也是各以一榜公告的。此种翻译科，只是满清政府的一种特殊科举，其内容仍不脱离宋儒学说以外，可见清廷的推崇程、朱二子，已由手段而变为目的了。

综观上述以考试制度取士用人，为中国文化传统的一大特色。清代承袭这一传统，在原则上当然是无可非议的。至于考试的方法和内容，就现在目光去看它，固然觉得弊病甚多，即当时一般有识之士，亦深慨其锢蔽人才。虽八股制艺，本非创自清代；但出题有割取一句中的二三字的，有割取“四书”中某句或半句为题目的上节，而又割取其他意义不相关的句子为下节的，这即所谓“截搭题”（所谓“截搭题”，即将四书中一句分开，例如所出题目为“时习之”，文中即不可说到“学而”，否则即为“犯上”；又不可说到“不亦说乎”，否则即为“粘[黏]下”），题目既不通，则作文自无意义，且规律极严，束缚极多，既不许“犯上”，亦不许“粘[黏]下”，种种限制，匪夷所思。其所以有此现象的原因，则因试题多属出自“四书”，易于重复，特别翻一新奇花样，一则避免重复，一则以难举子，亦唐代帖经帖“孤章绝句”的用意。此种文体，徒使人枉费心力，毫无实用，故为害甚大。顾亭林说：“八股之害，等于焚书；而败坏人才，有甚于咸阳之郊所坑者”（《日知录》），这真是批评得体无完肤了。

当明代末年，西洋科学思潮方在萌芽，而亦于其时传入中国。徐光启等提倡西学不遗余力，倘清代统治中原以后，不以八股取士，驱全国士子耗毕生精力于空疏之地，继承前绪，则我国科学文明，将不难与西洋各国齐头并进、竞秀争奇了。但事实上，清廷以八股取士，其作用则为巩固君权，羁縻多士，作为一种政治方面笼络的工具，其所得于一时政权的巩固，不能抵偿整个民族学术文化的损失。故持平论之，清代考试制度的内容，就学术文化的立场而言，它是阻塞进步；但就人事行政的立场而言，犹不失为一种公允客观的测验人才方法。至其运用科学制度，颇有会心。例如帘官与应试士子具有亲族关系的，则例须回避（此例旧亦有之，如元制“举人与考试官有五服内亲者，自须回避”。清代回避制度更严，虽一弥封、誊录、对读之官，亦需对于入场士子内有亲族关系者，自行开出，揭示贡院外墙，令其回避），以示其公；中式的试卷，则例须磨勘（乡、会试卷子，派人复核，谓之“磨勘”，本始于明，而清确成共制。“磨勘”首核文体，次检瑕类，字句偶疵者不究；如字句可疑，文体不正，举人、进士除名；其他均议罚有差。至于除名六卷及七卷以上者，考官革职并逮问），以示其慎；三场辛苦，两字功名（号舍矮屋有如蜂房，餐卧作文皆在其中，且躬自炊爨，终日熏蒸，夜则永巷一条，风雨难蔽，此昔人有“三场辛苦磨成鬼”之说也），以示其难；高年不第，赏以出身（乡试不第，年届九十之廪生、监生，与年届八十之贡生均赏给举人；年过八十之生员均赏给副榜。会试不第，如年过百岁之李炜赏国子监司业衔；八十以上之李珩等赏翰林院检讨衔；七十以上之丁福隆等赏国子监学正衔），以示其惠；而考官之举士不慎或交通关节的，轻则议处，重则弃市（顺治年间，顺天科场案，考官李振业等七人弃市；江南科场，考官方猷等十六人弃市；河南科场，黄铋等夺职流徙；咸丰年间，顺天科场，大学士柏葰为正考官，因举人平龄之朱墨卷不符，竟弃市，军流降格者复数十人），以示其严。于是人皆趋于科举一途而不知省，苟非因变法之故，恐科举制度亦必与清室相始终了。

又清代教育以科举为重，全国知识分子莫不趋向于科举一途，地方儒学不过为科举的敲门砖——取得应科举的资格，而有名无实，徒注重考试形式上的整齐严密，对于作育人才的本旨，反置之不问，以致学校为科举所夺，学术则为制艺所夺，考试本以甄拔人才，结果乃成为锢蔽人才、败坏人才之具，从弊积垢遂激成清末光绪三十二年（1906年）正式停止科举之举。此自唐代正式开科以来，推行千有余年的科举制度，至此乃告一结束。

此一制度，在当时绝对需要改革，当然毫无问题。但此一制度，究竟自唐以降一千多年来，已成为中国政治社会各方面一条主要骨干：

1. 是用一个客观的考试标准挑选人才，使之参与国家政治。中国因此制度，政府乃经由全国各地方所选拔的人才共同组织，这完全是一种直接民权，与近代西方国家由政党操纵，方法上自有不同，而其为开放政权则一。

2. 是根本消融社会阶级的存在。因考试乃一种公开竞选，公正平允，不容偏私；且其内容单纯，不受经济上的限制，贫苦子弟，皆有应考和上进的机会。又考试内容全国统一，有助于全国各地文化的融结；按年开科，不断新陈代谢，使政治社会各方面再无固定的特殊阶级的存在。

3. 是促进全社会文化的向上。因按年考试的刺激，民间文艺学术得以普遍发展。

4. 是培植全国人民对政治兴味的原动力，而增加其爱国心。因全国除王室少数人有较永久的地位以外，国家政权，是全部公开于民众的。

5. 是促进国家政治的大一统组织。自两汉以来一直到清末，无论选举、考试，均采取分区定额制度，使全国各地优秀人才，都有机会参加政府。自宋代规定三岁一贡的定制以来，历代沿袭，每历三年，必有大批应举人，远从全国各地集向中央政府所在地一次，使全国各地的人才，都得有一次的大集合。这样不但政府和社会方面得以声气相通，即全国各区域，皆得有互相接触和融洽的机会，而边区远陬，更易有观摩和刺激，足以增进政治上的向心力和文化上的协调力，从而促进国家政治方面的大一统。

总之，清代考试，完全由于其内容——八股文——的失败，并非考试的本身有问题。凡是一种制度化的考试，其方法行之既久，总不免有公式化的趋向；但一有缺点，自应该随时予以变通，绝无一成不变的道理；清末却一意想变法，把此一制度也连根拔去，这真无异因噎废食。以致民国成立以后，政府用人，便漫无标准，致启钻营奔竞之风，种种流弊，指不胜屈，这不能不怪当时的鲁莽灭裂，使人有“谁生厉阶，至今为梗”之叹了。

故对于国家政治设施，必须准古酌今，通盘筹划，绝不能意气用事，致遗后患。孙中山先生发明的“五权宪法”，体大思精，纳人治、法治于一炉而冶之，允宜为政治制度的准则。其对于人事制度的遗训：“教养有道，则天无枉生之材[才]；鼓励以方，则野无抑郁之士；任使得法，则朝无幸进之徒。”则今后对于培植人才、选拔人才、任用人才各方面，如何臻于至善？以期政府有能，允符国父遗训，是又不能不热切期望时贤注意及之了。

第二节　清代学校和科举相辅而行的制度

清代的教育制度，完全采取明朝的办法，学校和科举相辅而行。不过在明朝初年，对于学校教育非常重规，办理也很严格。到了中叶以后，一般读书人趋重科举，学校教育差不多等于具文，于是演成重视科举而忽视学校的趋势，一直演变到清代二百多年更属变本加厉了。

清代的学校，在中央有“国子监”“宗学”“旗学”。“国子监”的性质，一方面是国家最高的学校行政机关，一方面为大学生读书的处所。“宗学”又分“宗学”和“觉罗学”二种。清廷贵胄学校以这二种为最高。“旗学”一类的学校，种类很多，有设在中央的，有设在满、蒙等处的，其中大小繁简也不一致，大抵为满、蒙八旗和汉军八旗子弟读书的地方。以上“宗学”和“旗学”成为一种特殊系统，多不属于“国子监”管辖。地方学校分为二级：第一级为“府学”和“直隶州学”；第二级为“州学”和“县学”。此外有“义学”“社学”和“小学”，时有兴废，也就等于具文了。“书院”制度较明代稍觉普遍，且一律由政府接办和监督，差不多等于地方大学性质。兹特分别略述如下：

一、中央学校——国子监

1．入学的资格

“国子监”的学生，即以本章第一节中所述的“贡生”和

"监生"为主。贡生中除岁贡、恩贡、拔贡、优贡、副贡，尚有"功贡"（即廪生有过军功的）一种，叫作"六贡"，照例须入国子监读书，以作参加乡试的进修。

2. 编制和课程

"国子监"的编制，仍沿袭明制。分为"率性""修道""诚心""正义""崇志"和"广业"六堂。每堂设学正、助教各一人，担任教课事宜。课程方面，则仿照宋胡安定的办法，分"经义"和"治事"二科："经义科"以御纂经说为主要教材，兼教诸家的学术；"治事科"教兵刑、天官、河渠、乐律一类的材料。"国子监"所做的功课，不过每月初一、十五两天由各监生到"监"随同祭酒（古时会同飨燕，必尊长先用酒以祭，故凡同列中以齿德相推者，日祭酒。如齐宣王时，荀卿三为祭酒，见《史记本传》。汉时，吴王濞年长，为刘氏祭酒，见《史记注》。后因之为官名，汉有博士祭酒，汉之侍中，魏之散骑常侍，功高者并为祭酒，最著者为国子监祭酒，其官至清末始废）、司业举行释奠礼（置爵于神前而祭也。《礼记》："凡学，春夏释奠于其先师，秋冬亦如之。凡始立学者，必释奠于先圣先师。"又"释菜"以芹藻之属礼先师也。《礼记》："始立学者，既衅器用币，然后释菜。"古始入学，皆行释菜礼，春秋二祭，皆用释奠礼）；然后听六堂官讲"四书""性理""通鉴"等书，并听博士讲授"五经"。听讲后，由各监生读讲章、复讲、复背等；有未能通晓的，即赴堂官处请重加讲解，或赴两厢询问。考试分"季考"和"月考"：司业每月举行"月考"一次，祭酒每三个月举行"季考"一次。月考列入一等的给予一分，二等的半分，一年之内积到八分的为及格，但名数每年不得超过十人。及格后，由"监"按照各人原有的资格造册咨送吏部。在吏部历满考职后，即按照成绩，分别补用。在一年之内，如积分不及格而愿留“监”再学的，得听其自便。监生肄业期满，又可应廷试（专为监生而设）。廷试阅卷分等例：上卷，以知州用；上次卷，以推官、知县用；中卷，以通判用；中次卷，以州判、县丞、教职用（《清通考》）。

总之，清代的“国子监”，在规章和组织方面，大多沿袭明代的遗制；但其中有一点不同的，即明代的成例，学生须居住监中，清代则打破此例，准许学生在其寓所肄业，甚至在原籍肄业（《清通考》）。其教育的精神，已不如明代的严格了。

二、地方学校

清代地方行政在中国内部属省、道、府或州、县四级（州有直隶州和属州之分，直隶州同府，属州同县）。但学校的区划，只有府州和县两级，省和道二级则不设学校。在府称“府学”，在州称“州学”，在县称“县学”，总名曰“儒学”，全国各地共有一千七百余所。地方教育行政，各省设提学使，管理各该省学政事务，三年一任；各府设教授、训导，州设学政、训导；县设教谕。

1. 资格和名额

各学学生的资格分为三等：初次考进去的曰“附学生员”；进学以后，由附生补为“增广生员”；再由增广生员补为“廪膳生员”。士子未曾进学以前，称为“童生”。各地方学生名额，顺治四年（1647年）规定各直省府学定额四十名，州学三十名，县学二十名，卫学十名。以上定额，凡廪、增二等人数相同。此外各府、州、县有“武学生员”，附属于儒学之内，仍由学政监管，名额未定。

入学的生员须身家清白，并须经过三次考试：第一次由本县长官主持，第二次由府或州长官主持，第三次由学政主持。由学政考取以后，才有入学的资格，俗称“秀才”。

2．教材和考课

“儒学"所定的教材，照《大清会典》所载为：“御纂经解、性理、诗、古文辞、又校订十三经、二十二史、三通筹书”；照《皇朝文献通考》所载，为：“四子书、五经、性理大全、资治通鉴纲目、大学衍义、历代名臣奏议、文章正宗等书。”并规定“若非圣贤之书，一家之言，不立于学官者，士子不得诵习”。（《大清会典》）诸生自初次考取以后，虽名曰入学，实际上并不留在“儒学”内肄业，不过于相当时期来应应考课就是了。此项考课，分为两种：一为“岁考”，每年举行一次；一为“科考”，间岁举行一次；皆由中央所派的学政主持。成绩优异的，以次递升：“附生”升“增生”，“增生”升“廪生”，“廪生”特别优异的升入“国子监”，如“拔贡”“优贡”之类。成绩欠佳的，则以次递降。考试的内容，以八股文为主。诸生的出路，除少数升入“国子监”外，大多数学生都去应乡试，即升入“国子监”的生员。因清代的教育，纯以科举为中心，学校不过是科举的附属品罢了。

3．待遇和升格

清代对于学生的待遇，比较明朝相差得多，除升格以外，只有补给廪膳一种。至于地方“儒学”生员的升格，也是仿照明朝的办法，但又复杂一点。综计升格有三条路：一是“住书院”；二是“贡成均”（古之大学也。《周礼》：“大司乐掌成均之法。”周设五大学，南曰“成均”。“贡成均”即贡入大学之意）；三是“应乡试”。“贡成均”即升入中央太学，又可分为五类，兹先列表于下，再加以说明。

附图：清代学制系统图

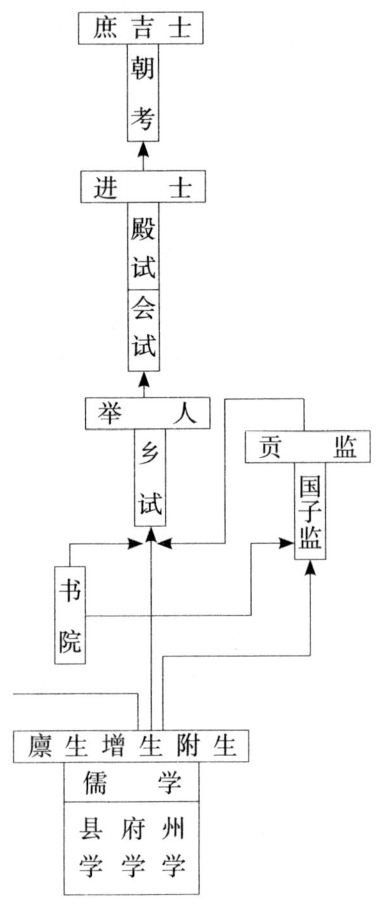

凡府、州、县三学统称“儒学”，为国家教育最低级的学校，亦为最基本的一级。由此出身的，可以住书院，可以升太学，可以应乡试。“书院”不能算一级，等于一种补习学校的性质，所以没有什么学位（如“举人”“进士”等名称）；其升入太学或应乡试，和“儒学”一样。“国子监”虽属于大学性质，但须具有儒学生员优等资格，方能应选，如遇乡试之年，仍和“儒学”生员一律去应乡试。唯由乡试到会试而殿试，得选后，其资格才算最高。除“书院”以外，每一级一系，皆赏给学位，以资奖励。以上数种，并非成一直系，乃各自成系统。不过自“国子监”和“书院”以下，皆属学校性质，自乡试以上，才是科举性质罢了。

三、其他学校

清代的学校，除以上中央“国子监”和地方各“儒学”以外，有三种学校：一为“宗学”，二为“旗学”，三为各种特殊学校。兹特分别略述如下：

1. 宗学

此类学校，一望而知其为宗室贵族子弟读书的处所；又因清室皇族姓觉罗氏，故于“宗学”外，有“觉罗学”，乃贵族中的贵族子弟肄业之所。其内容为：

（1）宗学：此学在顺治九年（1652年）开办，到了雍正二年（1724年），才有较详的学制。凡亲王、贝勒、贝子、公、将军和闲散宗室的子弟，如年在十岁以上十八岁以下，皆可以送进去读书。校址在京师左右两翼官房，每翼立一“满学”，一“汉学”，共有“宗学”四所。每“学”派王公一人为总管，其下设正教长一人，教长八人，皆以宗室中行辈较尊和年长的充任。再下设教习若干人，担任教课事宜。修业以三年为期，期满及格，分别引见皇帝录用。此“学”属于宗人府（宗人，同族之人也。《礼记》：“宗人授事。”《后汉书》《明史》皆称皇族为“宗人”。又官名，掌“宗人”之事。《周礼》有都宗人、蒙宗人。明改元之大宗正院为“宗人府”，置宗人令及左右宗正、左右宗人，以勋戚大臣摄府事，清因其制，以皇族领之），一切奖惩大权，皆由该府执行。

（2）觉罗学：最初只有“宗学”，皇族子孙一律和其他宗室子孙同人一“学”。后来以皇族子孙逐年增加，势难兼容，乃于雍正七年（1729年），于“宗学”外，创办一种专为皇族子孙读书的“觉罗学”。生员入学的年龄，和宗学大致相同。

2. 旗学

“旗学”即“八旗学校”，名目很多，兹分别略述如下：

（1）八旗官学：京师八旗分为四处，每处设官学一所，专教亲贵以外的八旗子弟，创办于顺治元年（1644年），到康熙时才规定生员名额，满洲、蒙古各四十名，汉军生员由四十名减为二十名（此学名额系根据《皇朝文献通考》所载，与《大清会典》所载颇有出入）。此“学”属于“国子监”管辖，故每十日须赴“监”考课一次。雍正二年（1724年），于本学外，添设“八旗蒙古官学”，每旗设立一所，专教蒙古语言。

（2）八旗学堂：本“学”、近于半官立性质，为八旗贫苦子弟读书的处所。

（3）八旗义学：景山官学、咸安宫官学。此类学校创办的宗旨，大致和“宗学”相同。内设满、汉教习若干人，以进士、举人和恩、拔、副贡生充任。生员修业期间三年，期满得分别录用。

3. 算法馆、鄂[俄]罗斯学馆

此类学校和当时一般学校的内容，有其特异之点。

(1)算法馆：这是清代研究自然科学的唯一学校，隶属“国子监”。

（2）鄂[俄]罗斯学馆：此“学”也隶属“国子监”，专教“鄂[俄]罗斯”子弟的。清代外国派遣学生前来我国留学的，据典章所载，有琉球、安南、朝鲜等国。鄂[俄]罗斯设立一

“学”，专教他们的学生，也可见清代初年，中俄两国关系的密切了。

四、书院

“书院”在清代初年，并不很注重，到了中叶以后，才逐渐注意起来。不过本期“书院”的性质，和以前不同：在宋、元、明三代，“书院”多由名儒学者私人设立，政府不过从旁加以奖励和维护；在清代，则完全成为官立的教育机构。乾隆元年（1736年），下诏各省整饬“书院”说：

“书院之制，所以导进人才，广学校所不及。我世宗宪皇帝命设之省会，发帑金以资膏火，恩意至渥也。古者乡学之秀始升于国、然其时诸侯之国皆有学。今府、州、县学并建，而无递升之法，国子监虽设于京，而道里辽远，四方之士，不能胥会，则书院即古侯国之学也。”

当时的“书院”，似相当于省立高等学校或大学，为本省各“儒学”生员升学的处所。但“书院”不给学位，住过“书院”的生员和没有住过的生员同样可以应乡试，同样可以贡成均。当初一省往往有数所之多，于是有“省书院”和“道书院”等名目。其所聘教习，皆地方的名儒学者，平日有官课，有私课，办理较为认真，成绩亦日著。于是爷府、州、县学的学生皆愿进“书院”读书，则“书院”已成为教育士子的学校；原有的“儒学”，则名存实亡，仅为春秋二季祀孔时一个“释奠”习礼的处所。

图书在版编目（CIP）数据

选士与科举：中国考试制度史 / 沈兼士编著. -- 桂林：漓江出版社, 2017.7（2021.3重印）
（中华文化研究小丛书）
ISBN 978-7-5407-8050-0

Ⅰ. ①选… Ⅱ. ①沈… Ⅲ. ①考试制度－历史－中国－古代 Ⅳ. ①D691.46

中国版本图书馆CIP数据核字(2017)第070701号

XUANSHI YU KEJU
选士与科举
——中国考试制度史
沈兼士 编著

出 版 人：刘迪才
丛书策划：张谦
责任编辑：孙精精 谢青芸
助理编辑：黄彦
书籍设计：星星
责任监印：张璐

漓江出版社有限公司出版发行
广西桂林市南环路22号 邮政编码：541002
发行电话：010-65699511 0773-2583322
传真：010-85891290 0773-2582200
邮购热线：0773-2582200
电子信箱：ljcbs@163.com
微信公众号：lijiangpress
印制：三河市天润建兴印务有限公司
[三河市泃阳镇中门庄村 邮政编码：065299]
开本：660mm×950mm 1/16
印张：15.25 字数：159千字
2017 年 7 月第 1 版 2021 年 3 月第 2 次印刷
书号：ISBN 978-7-5407-8050-0
定价：48.00元